天下布学

岐阜文化フォーラム編・著

岐阜新聞社

岐阜を展望する
－ 発刊に寄せて －

　織田信長公岐阜入城・岐阜命名 450 年を迎えたこの年に、植木哲博士が「岐阜の文化を独断と偏見で語る」という斬新な企画を立てられ、岐阜を代表する教育者、文人、学者らと共に 1 冊の本をまとめられました。朝日大学を代表し、まずもって深甚なる敬意を表したいと存じます。

　第 1 部では、本県教育界の第一人者として多年にわたり活躍され、今もなお文化・芸術分野の発展にも精力的に支援されている吉田豊先生を中心に開かれた座談会を紹介しています。学兄諸氏がそれぞれの歴史観を語られ、大変興味深い内容となっております。そして第 2 部では 11 名の論客が「文化」をキーワードに論考を寄せています。

　小職は東京で生まれ育ちましたが、岐阜へ赴任し 21 年という月日が流れました。30 歳まで東京の街から出たことのなかったことを振り返れば、第二の故郷がここ岐阜と言っても過言ではありません。都市と地方の格差が広がる中、その岐阜と東京を往来しておりますと、いま一度、地方都市の役割について考える機会が増えました。

　ここで私見を述べることをお許しいただけるとすれば、岐阜県は公立高校入試について平成 30 年から全日制普通で学区制を廃止して全県一区制を導入することを決めました。進路の選択肢が広がるとの歓迎の声が聞かれる一方、東濃や飛騨地域の生徒が、進学校あるいはスポーツ強豪校が集中する岐阜地域の高校へと流入し、郡部や農村部を支える人材が 15 歳で故郷を離れる、あるいは子どもの

教育を優先して若い家族単位で転出していくことを加速させる可能性も否めません。

　人と人との関係もインターネットやSNS等の普及に伴い急速に変容しつつあります。15歳で故郷を離れ、都市部の高等学校で学び、大都市圏の大学進学、そして就職へと進む者が、故郷に対して郷愁の念を持ち続けたとしても、果たして彼らが故郷のために戻ってくるでしょうか。「うちの子は小さな頃から本当に手がかからなくて。東京の大学を出て、今も東京で頑張っているんですよ」岐阜でのこの十数年、こう語りかけるお年寄りに複数出会いました。東京出身の小職に語る言葉には誇らしい気持ちと、どこか同意を求める気持ちとにあふれていましたが、その反面、面倒を見てくれる子どもたちが近くにいないことへの一抹の寂しさを感じ取ることができました。右肩上がりの成長期にわれわれが目指してきた経済的な豊かさとは異なり、人口減少、経済成長鈍化といった緩やかな右肩下がりの時期を迎えた今、人間の幸せとは何か、その問いを解く鍵がここ岐阜にあるのではないでしょうか。

朝日大学学長
　　大友　克之

目　次

岐阜を展望する　− 発刊に寄せて −　………………………………　3

第1部
座談会　美濃の再生
　− 信長の生き方から、私たちは何を学ぶべきか −
　　　　　吉田　豊、清水　進、小川　信幸、矢島　薫、植木　哲 ……　9

第2部
フロイスの信長像に見る共感の意義　山崎　広光　………………　41

信長と能　米田　真理　………………………………………………　55

地方創生は新たな戦国時代なのか？　出雲　孝　………………　77

芭蕉と大垣　山﨑　和真　……………………………………………　91

音楽のしごと　青谷　美惠子　………………………………………　105

あるグライダー乗りの青春　仁科　豊　……………………………　115

岐阜県の野球史　小川　信幸　………………………………………　139

日本国憲法の象徴天皇制　下條　芳明　……………………………　157

19世紀ヨーロッパにおける進化思想　岡嵜　修　………………　173

ドイツの大学事情　齋藤　康輝　……………………………………　187

鷗外の恋人・エリスはどのような人であったのか？　植木　哲 …　199

『天下布学』あとがき　………………………………………………　213

第1部

座談会

「美濃の再生
　　－ 信長の生き方から、私たちは何を学ぶべきか －」

吉田　　豊
清水　　進
小川　信幸
矢島　　薫

【司会】植木　哲

協力　岐阜県立岐阜商業高等学校速記部

それぞれにとっての信長

(植木 哲)

　この座談会は、岐阜の文化を独断と偏見で語ろうという趣旨であります。岐阜にとって信長というものをどのように位置付け、どう発展させるかということについて、地理や歴史など、

司会 植木 哲

さまざまな観点から意見を伺い、最終的にはそこから、何らかの提案をいただきたいと思います。

　私たちは岐阜文化フォーラムという会を、この2、3年、歴史あるいは法律、文化、いろいろな先生方にお集まりいただいて、専門の観点から岐阜を盛り上げるために何か提案をしていただければ、という方向で運営してきました。いよいよ3年目を迎え、一応のまとめの時でありますので、今日はその巻頭を飾るべく座談会を持ちました。

　最初に、なぜこの文化フォーラムで信長を、あるいは信長の時代を問題にしたいのか。

　私は岐阜に来たのが2010年で、千葉からこちらの大学に移ってまいりました。私は九州の長崎の生まれですから、信長についてはほとんど知識がありませんでした。津本陽の『下天は夢か』くらいの知識しかなかったわけであります。2010年にこの地に私が再就職で赴任した時、まず岐阜の駅前に降りて、非常に違和感を持ったのです。皆さんはごく普通に、当然のことと思われているかもしれませんが、あの信長の金ぴかの像があれほど威張っている地域の文化というのは、どんなものなのだろうというのが第一の印象でありました。そういうことで、いずれはその信長を含めた

座談会　美濃の再生

歴史を考えようという気持ちが生まれ、太田牛一の『信長公記』、あるいはフロイスの『日本史』を読みながら、自分なりに信長というものを考えてきたのです。

今回は地元の先生方に、信長のいいところ、悪いところ、それぞれあろうかと思いますので、歴史の局面を捉えながら、皆さんに自由に発言していただきます。

最初に、信長の生涯において、美濃や岐阜というのはどのような位置付けをしたら一番理解できるようになるでしょうか。

(吉田 豊)

私は生まれが岐阜市本町であります。生まれて約90年、小学校は地元の金華小で、入学した頃から、上級生に連れられて日曜日のたびに金華山に登りました。金華山の上から岐阜市内を眺めて「ほら、あそこに長良川が流れとるぞ！」とか「あれが鷺山やぞ！」などと聞いたので、岐阜城あるいは信長に対して深い関係があるのだろうと思います。

中学校は今の岐阜高校である岐阜中学で、ここ（岐阜新聞）の名誉会長の杉山さんは私の1年下です。ここに持ってまいりましたのは、わが岐阜高校の応援歌。おそらく明治時代にできたと考えます。冊子の最初の応援歌を見てみますと、「金華城頭月冴えて　万象すべて沈黙なり　蓋世の英雄信長の　雄図の

吉田 豊

跡に苔むしぬ」、2番は途中から言いますと、「嗚呼熱血児信長の　覇業は夢と消え果てど」となっています。私たちの年代で金華橋周辺で生まれた人は信長に対してこういうイメージだったのです。蓋世の英雄なのです。つまり最高の英雄だと。ところが「覇業は夢と消え果てど」という言葉もあります。だから、

11

私たちのイメージは、信長というのは蓋世の英雄であり、悲劇の熱血漢だ、ということです。

信長はとんとん拍子に出世します。信長を語るときのキャッチフレーズとしてよく使われる言葉に、「天下布武」があります。私は「天下布武」という言葉を小学校の終わりから中学校の頃までは簡単に理解していました。しかし、信長を研究している方の学説を読むと私が今まで理解していた「天下布武」という言葉の意味が違うのではないかと思うようになってきました。今もまだすっきりしません。文字は簡単ですが、90歳を過ぎてもなお「天下布武」という言葉がよくわからないのです。数日前に送られてきた生活情報誌に信長の特集が掲載されています。ここに掲載されている信長も、他の本などに載っている信長の絵や銅像も共通して赤いマントを着け、ちょんまげは上に真っすぐ立っています。『濃尾歴史人物伝』の表紙でもまげが上に真っすぐ立っています。信長が生きていた時代には写真もないし、絵で信長のこと

紙本著色織田信長像
（愛知県豊田市・長興寺蔵）

を描いたものは全て顔立ちが違っています。しかしなぜ、赤いマントと上に真っすぐ立ったまげは同じなのかと今、私は考えています。

(植木)
　まさに岐阜に生まれ育った吉田先生ならではのお話だと思

います。それでは、大垣の方から清水先生、いかがでしょうか。

（清水 進）

二つの点について提言します。

まず一つは、今の岐阜の位置付けです。美濃の国が信長の尾張の隣国であるということは、当然ですけれども、実は極めて重要だと思っております。戦国大名というのは、絶えず領地の拡張を目指しますから、隣国へ進出するということが極めて重要で、そういう点で考えると、武田信玄や上杉謙信や織田信長というように絶えず隣国の様子をうかがって、隙あらば乗っ取ろうということが戦国の世の習いであろうと思います。信長だけではなくて、父の信秀の頃からたびたびこの岐阜へは進出してきております。例えば、岐阜市霞町には織田塚があります。あれは信秀が攻めて来た時に、斎藤道三の時代ですけれども、大敗を喫して大勢が亡くなったので地元の方が供養を兼ねて作ったものです。こういうことがあって、父の信秀の時から

絶えず美濃をうかがって、その結果、道三は自分の娘を信長に嫁がせました。これは両方に利益があるわけです。信長も隙あらばと思い、道三も逆に隙あらばと思っているわけですから、政略結婚というのは当時の当然の手段ですけれども、その結果、信長と美濃の国にとっていわば良い関係が出来上がっていくのです。

道三は自分の娘、濃姫と一般には呼ばれていますが、実は嫁がせるときに信長に隙あらば殺せと命じたという俗説があります。道三は長男の義龍との長良川の合戦で亡くなりますが、その前の晩に遺言状を書いていました。ただ、その遺言状の信ぴょう性は極めて低く、おそらく本物ではないと言われております。それにしてもその遺言状の中で、信長に美濃の国を譲ると書いています。そういう点で考えると、信長の器量というものを道三は認めており、美濃の将来を託しています。そのことは、信長が美濃の国の重要性を十分認識していたということを意味します。その後、道三が亡

くなってから、信長が岐阜城へ入城しました。諸説ありますがここでは永禄10（1567）年と致しますが、それまでの間、絶えず信長は美濃の国へと進出してきて、ついに成功したということになります。ということは、美濃が結局尾張の隣国だったということが一つ重要なポイントです。

二つめは、天下布武にも関わってきますが、信長が永禄10年に稲葉山城（岐阜城）へ入城して、天正4（1576）年の安土に移るまでの9年間が、ちょうど信長が天下統一を目指す期間に当てはまります。ですから、岐阜の地というのは信長にとっての位置付けが問われるならば、それは天下統一の拠点であったというように考えられます。この9年間の歴史をひもとけば、足利義昭を擁立して将軍職に就かせたり、一向一揆の勢力が強かったですから、例えば長島攻めをしたり、最終的には石山合戦で本願寺を攻めます。これは11年間戦争が続くのですけれども、この一向一揆制圧をもってして信長の天下統一が成し遂げられたといわれております。そういう天下統一の歩みの拠点が岐阜であったということで考えますと、隣国だったということと、天下統一の拠点であったということが位置付けとしては重要であろうと思います。

（植木）

今の岐阜の文化を支えている、地元紙の立場からはどのように見ていますか。

（矢島 薫）

信長が生まれた年は応仁の乱が終わって、戦国時代という従来の秩序が崩れた時代になっていきます。応仁の乱は今まであまり日の当たらなかった戦争ですが、その戦乱によって旧来の秩序が崩れ、まずは信長が時代の交差点にタイムリーに出てきたということです。また岐阜という地は、昔から壬申の乱などがありました。要は、東西の交流点、地域的な交差点であったということであります。

先ほど、戦国武将で話が出ていた上杉謙信、武田信玄、北

2017年8月31日　岐阜新聞本社会議室

条氏康にしても、陣地を広げていくために拠点が重要で、武田は甲斐に置いていて、上杉は新潟のままですし、北条については関東でした。信長は尾張の清洲から岩倉を通って岐阜に入ったということで、本拠が最初は清洲だったのですが、岐阜に移し、どんどん発展していきまし た。岐阜という文化の交差点に生まれたこの信長というのは、ちょうど時代が変わる交差点で登場したということで、まさにこれが新しい時代を作るための準備の場として、岐阜が天下取りを醸成する場になったというように考えます。

信長が命名した「岐阜」

（植木）

　やはり美濃、岐阜というのは、ある意味では非常に地理的に優れていて、木曽三川を押さえてそこから流れていくところが伊勢湾ですから、商業的には非常に力を持つことができる、しかも濃尾平野でお米がたくさんとれる、そういう経済的なグラウンドがあるのです。それと同時 に、ちょうど室町幕府が終焉を迎え、15代義昭が流浪して誰か覇権を持った人に助けを求めてきた、それに一気に乗っていったのがある種のターニングポイントです。経済的に非常に豊かであると同時に、歴史の境目としてそこに覇権をとるチャンスが生まれた、それに乗ったのが信長なのです。ところが信長

は、稲葉山城を落として岐阜城を建てます。岐阜城という名前はもちろん岐阜のお城ということですが、そもそもなぜ城下の町の地名がそれまでの井ノ口から岐阜になったのでしょうか。

（吉田）

信長は本当に天下を取ったのでしょうか。信長は天下取り、私たちはそう覚えてきました。しかし天下を取るということはどういうことなのでしょう。天下が平和に治まるということが天下を取るということではないかと彼自身も思っていたのではないかと思います。しかし、彼の時代にそれを果たすことはかなわなかったのであります。なぜなら、岐阜城を離れてから早くに死んでいますから。岐阜は信長から得たものがたくさんあると思いますが、真に得たものは一体何だったのだろう、とも考えます。

（植木）

岐阜という名前ですが、命名の経緯はどうですか。

（清水）

まず、一般的に言われていることを申し上げます。

これは『安土創業録』に書いてありますけれども、信長が入ってきた岐阜の町はそれまでは井ノ口と言われていました。井ノ口という地名は、長良川から用水を引き取る、用水の入り口だと地名の研究者は話しています。ただし、井ノ口という地名を信長はふさわしくないと考えて、山の方は稲葉山（金華山）に稲葉山城があり、そこは斎藤道三の時に整備されるのですけれども、信長が入城してきて一番に、地名を変えた方が良いと考えたと、『安土創業録』に書かれております。

その頃信長は、宗教心があまり強くありませんでした。自分の目で見たもの、頭で考えたことが一番大事であって、唯一禅宗の考え方は若干取り入れていたというわけです。信長は、信長の若い頃の守役であった平手政秀が、信長の素行が改まらないため切腹して死んだことに衝撃を受けて、政秀寺という寺を建てて平手政秀を弔いまし

た。この政秀寺の開山の住職である沢彦宗恩に、信長は井ノ口を変えるならば何が良いかと問うたところ、岐山、岐陽、岐阜の三つの中から選べと言われ、信長は一番言いやすいということで岐阜を選びました。選んだ上で、信長が祝語、お祝いになるような言葉があるならば、と言ったところ、中国の周の文王、文王は天下が治まった時の大変有名な皇帝ですけれども、彼の「岐山から立ち上がって天下を定めた」というような言葉があると紹介されたので、信長がもうしばらく経ったら天下を統一できるだろうと受け取り大変喜んで、岐阜という名にしたと言われています。

　ただ付け足したいのは、岐阜という地名は信長が命名したけれど、岐山、岐陽という地名そのものはずっと昔からあったということです。禅僧、禅僧を含めた文人たちが漢詩の中で、金華山、稲葉山のことを、岐陽とか岐山と言っていました。岐陽、岐山、岐阜は、いずれも日当たりの良い川の南岸の大変住みやすい良い所という意味で用

いています。禅宗のお坊さん、例えば東陽英朝という極めて優秀なお坊さんは、土岐成頼という美濃の守護の肖像画を描いた時の賛辞に「金華に神下り、岐阜に秀を鐘める」と書いています。金華とは稲葉山、岐阜も稲葉山のことです。ということは、東陽英朝という室町時代の禅僧がすでに岐阜という言葉を用いています。また、崇福寺の住職の仁岫宗寿という人がやはり同じように岐阜という言葉を用いています。ですから、禅僧の世界では岐阜とか岐山とか岐陽が割と当たり前に用いられている用語であり、それを信長が採用したというところに意味があります。稲葉山城が、城下町は井ノ口から岐阜、城の名前も岐阜城となりますけれども、禅僧が使っていても一般には知られていない言葉を、信長が知らしめたわけです。

　昔からすでにある言葉を用いて信長が岐阜と命名したというところに意味があると思います。

(植木)

　小川先生は生粋の岐阜っ子ですが。

(小川 信幸)

　私は岐阜市内で生まれて、昭和37年に県立岐阜商業高校に入学し、商業を学びながら好きな野球を始めて56年目になります。

小川 信幸

　信長について考えたときに、まず吉田先生がおっしゃいましたけれども私も県岐商で昭和37年にグラウンドに立ちましたら、金華山とお城が目に入りました。今と違ってまだ学校から金華山がよく見えたのです。現在はいろいろな建物が建っていますので非常に見づらいですが、グラウンドに立つと「天下を制する者は」という言葉を思い出すのです。

　野球部の大先輩たちは昭和8年に春のセンバツで初優勝し、戦前は春3回、夏1回、合わせて4回、日本一の栄冠に輝きました。戦後生まれの私としては、先輩に続けと、何が何でも戦後初の優勝を目指して頑張らなければいけないという思いでグラウンドに立ったのですが、残念ながらまだ一度も達成できておりません。そんな中、「天下人」信長は心の一つの励みになってきました。

　また、商業についてですが、近江商人が開発した簿記を信長が採用したということを聞いた覚えがあります。その流れを受けてか、県岐商は簿記で何度も日本一に輝いています。そして、卒業生の中には朝日大学に入って、公認会計士の合格を目指して励んでいる生徒もいます。2012年度朝日大学に会計研究部が創部されて、2017年度の6名を含め計21名の公認会計士の合格者をこれまで輩出しました。簿記では信長の教えが現在も脈々と引き継がれていると

思います。

残念ながら高校野球は今一歩ですけれども、信長が岐阜の地に残してくれた精神を糧に、岐阜県のチームが近い将来甲子園で優勝することを期待したいと思います。

（植木）

岐阜という名前ですが、「阜」が読めないのです。一般的にもこの「阜」というのは日本の通常の読みではなく、おそらく孔子が生まれたのが山東省の曲阜というところだったといわれていて、その「阜」を採ったのではないかという説があるのですがいかがでしょうか。

（清水）

一般的には「阜」は丘という意味があります。岐阜の「岐」は木曽川の「木」が由来ではないかと考えられます。木曽川というのは、今は樹木の「木」ですけれども昔は岐阜の「岐」で、「曽」は「蘇」の字を当てていました。この「岐蘇川」から「岐」を採り、大河のほとりの大変風光明媚な暮らしやすい場所であ

る小高い丘の「阜」から「岐阜」となったと解釈できます。

（吉田）

地名の話で、信長が金華山の上へ来るまではこの辺はどうなっていたのでしょうか。信長の手柄の一つに町づくりということが挙げられる。私は空襲を受けている。丸焼けになった。あの状態で今の復興は考えられない。同様に、信長の来る前は違う城主がいて、あの戦乱の世に入ったのですよね。そして、信長がここを手に入れた。そんなに町づくりというのはあっという間にできるのでしょうか。例えば、私の生まれた本町の辺りに店を並べたとか、だから町名が全部残っている。魚屋町とか、蚕を飼うために大桑と書いて大桑町。あるいは、大工町とか靭屋町とか。そのようにして町名が残っている。それは、信長の町づくりなのでしょう。しかし、そこまで町が整然とできるような状態だったのでしょうか。

郡上に立派な城がありますが、上の方へ行くとある記述が

ある。大工の一人がこの大きい岩を下から背負って郡上の山に登った途端息絶えたと。金華山は、それよりはるかに高い山です。その高い山のてっぺんに、あれほどの城が簡単にできるはずがない。誰がつくったのか。その頃、いわゆる岐阜、美濃には井ノ口にはそういう力がある人が住んでいたのかというのが私の疑問です。ここそこに城をつくったということは並大抵なことではない。町づくりあるいは城をつくったというけれど、それは誰がどういう方法でということまではあまり解明されていないと私は考えます。

(矢島)
　信長の父の信秀もずっと斎藤道三と戦争をやっていて、歴史では戦国武将だけ格好良く映りますけれども、町民らは住んでいる家は焼けてしまうし、コメを収穫前にくしゃくしゃにされてしまうしで、大変だったと思います。信長が稲葉山城を攻略した時も町はきれいに無血開城ということはなく一般の方にもいろいろ被害も出ていました。

　信長は、いい時代を作るぞということで、その時のキャッチフレーズのようなものを、岐山の「岐」、それから孔子の生誕地の曲阜の「阜」を使って作りました。孔子にちなみ学問も盛んになって、天下泰平、平和でいい町になるということをアピールするための方策の一つとしての地名改名であり、旗印を作ったのではないかと考えられます。チャンピオンが代わるときはそれなりの錦の御旗を立てるということで、岐阜と地名を改名したのも、錦の御旗を使ったのではと推測します。

岐阜からの「天下布武」

(吉田)
　この辺りのかなりの寺は、信長公ゆかりとなっています。信長は今の鷺山の辺りにも長良のあちこちから寺を持ってきています。要するに人の心を何とか

しようとして将来に備えたのではないでしょうか。

(植木)
　やはり町づくりというのは、斎藤道三の商人的なお金がないとできない。後で信長が乗っ取ったというわけで、その重商主義の前は、ここの経済力を十分に知り尽くした人たちがその元を作っていた。前のやつをつぶさないと覇権は取れない、そういうわけですからね。

(清水)
　岐阜の町づくりについて、長良の豪商に中島両以という人がいて、『中島両以記文』という記録があります。当時岐阜町がどうであったかという記録はあまり多くありませんが、この『両以記文』とルイス・フロイスの『日本史』によって辛うじてわかります。特に、『両以記文』を読むと、大桑町などはすでに道三が町づくりしています。岐阜城の城下町の主要な部分は道三が築いて、そこへ信長が新たに岩倉町や新しい町を築き上げたということで、道三と

信長はともに町づくりをしていったのです。その前、室町の末期は、岐阜には城下町として成立するほどの地域はなかったのです。それはどこの山城でもそうです。信長が何のために城下町を作ったのかというと、それまでは武士は田舎にいて、いざ鎌倉という時に出て行き戦いをしていました。しかし、信長が絶えず臨戦態勢で出兵できるようにと、城下に武士を住まわせたのです。

　武士が住むため日用品が必要になります。当然商人たちも入ってくる。武士と商人で城下町が形成されていきました。これが信長以降の話です。その先駆けを道三がした。道三も主要な寺をこの岐阜町の周辺に呼び寄せました。それは、人々の宗教心、信仰心の大きさからです。人が寺へ参詣のためにやってくることを期待して、人が集まれば商業は発展します。信長も同じように岐阜の町に大寺院を集めてきました。美江寺観音の場合は、道三の時に本巣の美江寺から引っ張ってきたものです。信長は、長野の善光寺を岐阜町

21

に引っ張ってきました。信長は町を発展させるため、人が集まるようにという政策を行いました。そういうことを考えると、道三と信長をもってして町づくりがなされたというように考えられます。

範囲については、簡単に言って現在の岐阜の中心地は荒地、湿地であり、柳ケ瀬一帯は柳が生えているというところです。では岐阜町はどこかといったら橿森神社が南の入り口と言われています。北は中川原、元町、湊町。今の十八楼のあるところが昔の中川原です。西は岩倉口、この３か所が旧の城下町の岐阜町の入り口と言われています。そういう旧の町に対して外はどうかというとまだまだでした。田んぼが広がり、荒地が広がっているという状況でした。

(植木)

そういう意味で信長は岐阜を道三から引き継いで覇権を取り、同時にその天下布武の印章を作ったというわけですが、この印章の意味は諸説あるようで

すね。

(吉田)

そもそも町づくりに神社を持ってきた信長がなぜ家臣に討たれたのか。しかもあんなに早く。当時は、もちろんマスコミのようなものはありません。だから、庶民はどうやっていろいろなことを知ったのか、それは歌舞伎なのです。文楽とか歌舞伎はどの村にも小屋がある。ところが、信長をたたえる演目はほとんどない。信長をたたえる芝居は必ず光秀に同情するようなストーリーになっている。例えば、今の芝居の話になりますが、中村吉右衛門が得意とする演題に「時今也桔梗旗揚」というのがあります。鶴屋南北の作品です。

信長にとって光秀はナンバー２です。その手柄があった光秀を満座の中でこれでもかこれでもかというようにいじめる。欲しがっている刀を森蘭丸にやり、お前にはこれがいいだろうとくれたのが掛け軸をしまっておく筒なのです。中に何が入っているか光秀が見ると、女の黒

髪が入っている。一体何だろう。そこでふっと思ったのは光秀はかつて貧しい時代があった。信長などいろいろな人が家を訪ねてくると、ごちそうする金がない。すると、奥さんが自分の長い黒髪を切って金に換えてそれでごちそうした。残りの黒髪を信長がみんなに見せ「お前もこんなことやっていたじゃないか」と言っていじめる。もう許せないと思ってその夜、彼は謀反を決意して家来を集めるというストーリーのこの芝居が江戸時代からものすごくヒットしています。これなど、明らかに信長は悪役になっている。そして、光秀は善なる存在として吉右衛門、幸四郎などいい役者が演じるのです。

もう1本よく上演されるのが「若き日の信長」という芝居です。信長はもうしょうもないやんちゃ坊主だった。どのくらいかというと、親父の一周忌の時にみんなが法事に集まったのです。そんなときに、「集まってきたやつはみんないい加減だ」と言って灰を仏壇にぶつけた。守役の政秀が「私の責任だ」と言って腹を切った。そのとき政秀は「あなたは、将来天下を取る人だから今のままじゃダメじゃないか」と言った。そこで、目が覚めたというものです。信長が善なる存在というのは、これは今の海老蔵が得意とする演目だからです。

そうやって見ると、民衆に対して、誰かの信長のイメージを植え付ける意図があったのではないかと。誰かの意図というのは、信長は天下取りを狙ってどんどん上に上がっていくけれども、「こういうことをやった」、「これをやった」というと血生臭いことがだらだら出てきて、とどのつまりが比叡山の焼き討ちになる。あるいは、ある坊さんを焼いて殺すと「心頭滅却すれば」という言葉を残して死んでいった。このような血生臭いことがある。こういうことで何か時の世論は必ずしも信長に傾いていると言えなかった。

どちらかと言えば不人気な信長ではあったけれども、数日前の新聞にこんな記事が載っていました。信長が鷹を育てたりして鷹匠を取り立てるのです。

それまでは鷹匠などの身分の者はそんな知行、そして土地をもらうなんてことはない。ところが、「与える」という信長の直筆の手紙が、写真入りで出ていました。岐阜で言えば、鵜飼の鵜を鵜匠に信長が知行として与える。信長にはそういう、人が目を付けていないようなものをパッと登用するところがあります。こういう当時としてはあまり武将が、為政者がやらなかったことをやったと。だから、信長は血生臭いことをやり続けたけれどもやはり彼に付いていこうという者もいたと考えます。秀吉をはじめ、民衆の心を変えていく誰かがいたというように書き直したかもしれない。信長の肖像画は良く描いてあるでしょう。モデルはないのに。だから、誰かが信長を、ぼかしたりデフォルメしたりしたのかと。それを巧みに信長は利用したのかなと考えます。一方で、信長を憎いと思う人も多かったのでしょう。だから、短命に終わったのです。

(矢島)

　今まで伝えられてきたイメージでは既成概念を打ち破るというものがありましたが、模倣もあったのではないかと考えます。秀吉のような者でも身分にかかわらず人を取り立てるということは、松永弾正を取り立てたように、いろいろやっているわけです。それから、楽市楽座の市とか座は様々なところで開かれていました。それを知恵付けて上手にアピールし、発表するという意味ではやはり役者だと思います。戦略的な意味で企画者や参謀がいてその中で上手に演じていたのではないか。何から何までひらめくとは思えません。

　さらに、楽市楽座であれば町民も商売でもうかることで皆さんが喜びます。信長の頃は兵隊に禄を与えて兵農分離したというのも言われていますので、そういった過程で兵隊も強くなったのではないかと思います。旗に永楽通宝を付けて戦っているというのは、頑張れば永楽通宝がもらえるということで戦争も商売も下の者が、うまく人が

動くようにやったのかと思います。天下布武についても、キャッチフレーズとしてうまく使ったのかと思います。その辺りは、役者でありプロデューサーでもあったのではないかと考えます。もちろん、敵はそれと同じくらい増えていったでしょうが。

泰平の世をもたらす「武」とは

(清水)

　まず、為政者というものはその時代に生きた一般庶民の願いに必ず応える政治を行おうと心掛けます。信長もやはり、庶民の願いを具現しようとしたと考えられます。それが信長の朱印に表れているのです。

　朱印の中には天下布武という文字が書かれており、天下布武の意味はそのまま解釈すると、天下を武力で統一すると読めてしまいます。しかし儒教の経典の解説書『春秋左氏伝』には、そうではないと書かれています。天下布武の武というのは、よく見ると戈という字と止めるという字が用いられております。ですから、戈を止めるということは戦争をやめて平和な時代を築く、泰平の世を実現する、という意味に解釈できます。すなわち、信長はこの天下布武という言葉を、平和な世を実現したいという意味で採用した。そして、信長の思いに影響を与えたのは禅僧です。先ほど出てきた沢彦宗恩が、信長が天下を統一したときには、朱印が必要であろうと。では、どういう朱印がいいかと言ったら、沢彦が天下布武と書いて進言しました。そしてそれを信長が採用しました。

　その時のエピソードとして、天下布武というのは4文字ですから俗説によると4というのはよくない数字です。この数字は死につながります。信長はそのことを気にして4でいいかと尋ねると、これは日本人が嫌うだけで中国では4というのはかえって喜ばれる数字であると言われたのです。よって、信長は花井伝右衛門という家臣を呼んで天下布武という朱印を純金で作

らせました。しかし、純金のために朱が滑ってしまって付かず、もう一度銅を混ぜて作り直したのです。すると、きれいに朱が付き大変信長は喜び、お盆に黄金を山のように盛って与えたと言われています。

　もう一つ、当時文書を発行するとき花押というサインを書きましたが、そのサインを信長は生涯に13種類用いました。豊臣秀吉は1種類、「悉」、ことごとくという字でいかにも秀吉らしい字です。足利義政は慈悲の「慈」、慈しむで、いかにも将軍らしい字です。では、信長はどういう字を使ったのでしょうか。最初は公家様の三角形ですが、途中から信長という字を逆に書いて裏向きにしました。なぜそんなことをしたのか、一説によると、偽造を防ぐためと言われていますが、最終的に信長が用いたのは麒麟の麟。麒麟というのは中国では、太平の世が実現した時に初めて登場する想像上の動物であって、平和をもたらす動物だといわれていました。信長は、麒麟の麟という字を永禄8（1565）年、岐阜に来る2年前に花押として用い始めました。その頃、13代の将軍の足利義輝が暗殺されました。室町幕府の将軍が暗殺されるような末世の世は良くないということで、信長は天下を治めて平和な時代を実現したいという願いから麒麟の麟を用い始めました。

　なぜ花押の字が麟であると

清水 進

分かったかというと、古い話ではなくて名古屋大学の佐藤信一教授が花押の研究をされていたまだ40年前の話です。勝海舟が麟太郎の字を図案化して、花押を作った。この麟太郎の麟という字と信長の花押の麟という字がよく似ていたということで、信長は麒麟の麟を用いたということを佐藤先生が研究発表

された。信長は、室町から戦国時代に乱が続いているため庶民が平和な時代を待ち望んでいる、その中で登場して麒麟の麟に象徴されるような泰平の世を築こうとした、と解釈できます。

（植木）

　非常に興味深い話です。やはり権力は基本的には統一しないとどうしようもない。権力というのはやはり統一をして初めて他の人が自分の言うことを聞いてくれる。その端緒は武力でないと、これは戦国の世の中ですから殺すか殺されるかという選択しかないですから。やはり武力でしか統一できないと思った。けれども、統一した先には何かというといつも争いばかりしていては誰も付いて来ないわけですから、その裏の平和というものを念じておかないと皆が付いて来ない、そういう意味でとても面白いのではないかと思います。

（清水）

　もう一つ付け加えたいのですが、武力を用いないことには乱世の統一はできないというのはその通りなのです。例えば竹中半兵衛。彼は、信長に仕え、秀吉の家来となるのですが、岐阜城を占領したことがあります。

　それは永禄７年、信長が入城する３年前に竹中半兵衛が岐阜城を落城させている。その竹中半兵衛が用いた花押が「千年鳳」というもので、なぜ千年鳳が重要か、これは禅宗の僧侶の語録の中に、「千年一遇麟耶鳳」という言葉があります。千年も平和が続くような時代は、麒麟や鳳が登場するようなことにならないと実現しないという理想を、竹中半兵衛も自分の花押に用いております。その花押はどこで見られるかというと、岐阜の城下町にある常在寺から北に行った戦国の大道と書いた通りにモニュメントがあります。そこに「千年鳳」という竹中半兵衛の花押が示してある。稲葉一鉄の花押もあります。信長、半兵衛のように多くの戦国大名は乱戦を終わらせたいという強い願いを持っていたと思います。

（植木）

　権力ばかりぎらぎらしたら誰も付いて来ないわけですから、やはりどこかで文化的な面も持っていないと統治はできないと思うわけですが、その信長は岐阜で鵜飼を保護したと先ほどありました。彼は能が好きだったから能の保護もあったと思いますし、いろいろな意味で文化的な活動をやってきたと思うのですが、特に岐阜にとっての恩恵は何でしょうか。

（吉田）

　あの岐阜県の恩人である鹿児島の平田靭負ならびにその一党が木曽三川の堤防を完成した時に全員腹を切って死んだと私たちは知っているし、そのように皆に伝えています。しかし、最近になって、地元の学者なのでしょうが、平田靭負は病死であると発表したと、それについていや違う腹を切ったのだと、学者が反論していると新聞で読みました。

　その平田靭負よりもはるかに遠い昔の信長のことですから、やはり、私たちはいろいろ

な立場から考えていかなければならない。ですが、この精神的なものを、今、岐阜市が、いや岐阜県が、引き継ぎたいではないか。となると、われわれ県民が欠けていたものを彼が持っていたのではないかとか、今これを生かせないかというようなことを考えなければ、これだけ信長、信長と言っている意味がないと思います。だから、私はいろいろと言ってきました。が、やはり信長が残したものは何だろうということを考えたい。町づくりなのか、あるいはもっと大きな何かがあるに違いないと私は思います。

（矢島）

　信長というのは、比叡山の焼き討ちもありましたし、浅井・朝倉の骸骨でお酒を飲んだという話がいろいろなドラマで出てきております。かなり、非情の人ということが一面では言われていますが、それ以上に信長は、人々に夢を与える力があったのではないか。夢というのは、やはり室町時代に足利幕府が崩壊してきて秩序もなく、苦

しむのはやはり一般の民で、そういった人々が平和で普通に暮らせて、ご飯を食べられてお金もうけもできて、そういった夢を見せてくれるのが、信長であったのではないかと考えます。

考え方について言えば、毛利などは、毛利家の領地さえ良ければいいという考えでしたし、武田も今川も北条も、東海

矢島 薫

の王になればいいという程度で、信長が室町の旧体制の中で拡大しようという中で、根底にある権威の既成概念を打ち破っても、新しい世界を作ろうとし

たように見えたのが、この非情な行いと裏腹ですが、庶民には光が見えて人気があったのではないかと思います。岐阜の地においても、よそから来たのだけれど夢を与えてくれるような大きな力やオーラのようなものがあったのかということで、それが何より民を愛したというか、そういう慈愛に思えたのではないかと思います。

(植木)

その室町幕府が最後の最後にひっくり返るという時に、室町幕府も起死回生で何かをやりたかった。それが義昭だろうと思いますが、彼が言ったのは、天下再興だ、もう１回室町を作り直すぞ、ということで、おそらくその再興に合わせて俺もと言ってそこに乗っていったのが信長で、それはやはり布武でないといけなかったのかと感じます。

「楽市楽座」と文化の興隆

(清水)

おもてなしの心を岐阜市は

大変大事にして取り組んでおられます。なぜおもてなしという

ようになったか、日本遺産が今制定されていますが、岐阜の城下町、岐阜というものが日本遺産第1号の一つとして認められました。信長のおもてなしが息づく岐阜ということで認定されております。その内容は、岐阜市の表現でいうと川文化というものです。川文化というのは鵜飼だけではなく、本当は中川原を中心としたものです。江戸時代でしたら尾張藩の長良川役所というものがあって、長良川の水運で運ばれていく物資にいわば税をかけるのですけれども、それほど長良川は水運が盛んでした。

品物の主たるものとしては、お米と和紙、お茶、それから薪、材木、屋根などに使うくれ木が上流から運ばれてきて、下流からは灰が運ばれてきました。灰は、草木灰なのですが、島輪中などを中心にする土壌の深いところで大根などを栽培する場合の肥料として、下流の方から運ばれてくる灰の船が大変多かったのです。川というものは鵜飼も重要ですけれども、もっともっと産業に直結する面で非常に

重要な場所になっているのです。

それから、川文化と信長のことについて考えてみますと、ルイス・フロイスが来た時に彼はずいぶんおもてなしを受けました。信長自らが宣教師をもてなすのです。例えば、信長には茶の湯の心得があって茶碗1個に1万貫、1万貫というのは換算すると1万石ですから、一人の大名に匹敵するような値を茶碗1個に付けました。彼は名物狩りといわれ、いくつかの茶器を持っていました。そういう茶の湯などのおもてなしをフロイス、ロレンソなどの宣教師に行っていました。その場合に、信長の心は専制君主的かというとそうではなく、まずフロイスにお茶を出して、その次に自分が飲んで、三番目にもう一人の宣教師に茶の湯を振る舞うというように、賓客をもてなす気持ちがあり、そういうことがフロイスの『日本史』の中にも書かれています。

金華山の山麓に信長の居館跡があります。信長の居館は四階建ての木造建築で当時四階建

てをつくるには大変な技術がいるのにそれを建てました。また、その庭園も宣教師の表現を使うと、白砂がきらめいて、美しい魚が泳いでいました。岐阜市が発掘すると、居館跡に金箔瓦がありました。科学分析をしたら、確かに瓦に金箔がついていたので、岐阜城に金箔瓦があったとわかりました。これが金箔瓦を利用した城郭建築の最初ということになります。岐阜城が最初で、それから安土城に用いられました。ただし、屋根全体が金ピカかというとそうではありません。建物の棟飾りとして金箔瓦が用いられたのです。発掘調査によると、菊と牡丹の二つがあったので、棟を飾るために用いられたとわかりました。金箔瓦は織田一族と豊臣一族が用いています。

豊臣秀吉は、大坂城で用いており、私が住んでいる大垣の大垣城にも金箔瓦がありました。信長は、岐阜城で最初の金箔瓦を、ふもとの、今でいうとロープウェー乗り場の南に行ったところにあった居館に用いました。そこには、庭園がありま

した。金箔瓦が出てきた建物は濃姫の館ではないかという推測もありますが、それもよいかと思います。お城と、ふもとの居館と庭園と岐阜の町と長良川というものを総合的に信長は上手に駆使しておもてなしをしました。鵜飼に招き、岐阜の町を案内し、それから当時信長は金華山の山麓の居館には住んでおらず、山頂の岐阜城に住んでおりますから、あれほどの所まで連れて行くのは大変でしたでしょうが、おそらく百曲がりではなく、七曲がりで上がっただろうと思われます。そういうお城ともども信長がもてなしていったという一体感があったであろうと思います。そういった意味で、信長が残した遺産と精神的な面でのおもてなしの心をこれからも重視したほうがいいと思います。

(植木)

歴史的に言えば文化の担い手は権力者です。権力者というのは何かというと、いわゆる徴税権がある、税金を徴収できる、他人のお金を徴収するからそれ

を使えるというのですね。ところが今は国家と地方自治体が徴税者になっているわけですけれども、それが財政赤字等々でうまくいってない、苦労している、だから文化にお金が十分に行き渡っていないような雰囲気がするわけです。そうなるとすべてを国家や自治体に任せて文化を担わせるというのは、今の時代ではもうできないのではないか。そういう意味ではやはり、企業とか大学とかいろいろなところでやらないと、今の時代にはもう、文化を維持できなくなってくるぐらいの状況になっている。そういう意味では、文化の発信元としてはいかがでしょうか。

(矢島)
　まさに国の財政の話もありますし、そこに住んでいる者が岐阜なら岐阜の文化に誇りを持って、次につなげていかなければならないという、まず意識を持ってもらうことが大切です。われわれ新聞社も含めて、企業が、後世や外に伝えていくことを今後も続けて、こんな価値が

あることをしっかり伝えることで、まずは文化を残す第一歩を進めていかなければならない。知っていただければ、歴史的遺物であれば守ろうという話も出てくると思います。まずは、価値があることに気付いて、それを外にどんどんアピールしていくことを続けることが、大事だと思います。そして、後世に向けて伝えていくということも、同時にわれわれ新聞社としてもやっていくべきではないかと思います。

(植木)
　これからますます大学の役割も大きくなるのではないでしょうか。

(小川)
　そうですね。おっしゃる通りだと思います。やはり、楽市楽座だとか関所の廃止だとか言われましたけれども、目先の収入、収益だけを捉えていくのではなく、領内の商業や物流の発展というものを優先していきながら大局的な見方で国づくりをするということが大事なことで

はないかと思います。長期的なビジョンで強化を図っていく、野球にもそれは通ずるものがあるのではないでしょうか。常に甲子園で優勝争いをするような球児たちを育て、1年でも早く全国制覇を果たすことを強く願っています。

（植木）

結局、文化にしろ、あるいは武力にしろ、天下を統一するというのは、お金がかかるのです。やはり、現状の日本では、借金のほうがはるかに大きい、こういう負債大国では、文化を今までのように維持するというのは、なかなか大変だし、さらにそれを乗り越えて、発展させるというのは、さらに大変な時代になっています。すべてを政や官に頼れないということになった時に、どうするかということを、やはり考えないといけないのかという気はしております。

（清水）

信長が楽市楽座を実施するまでは、座に加入していない者は商売ができませんでした。それを信長が誰でも自由に商売ができるようにし、楽座にしたといわれています。それはそれでもっともだと思います。ところで、信長は岐阜町を最初に楽市楽座にした。本当は少し前に近江の国でも始まっているのですけれども、信長が政策とし、実行させたという点でいうと、多くの庶民の自由な商売をしたいという願いに応えて政策を実施しようとしたと言えます。その政策というものは、国や市が命令するものではなく、国民の願いをうまくくみ取って、吸収してそれを政策として計画し実現していかなければならないというものでありました。今必要なことは、国民が発信しなければいけないということです。つまり要求です。これができなくても動きをつくることが大切です。

信長は関所を廃止し、楽座にし、それでずいぶん経済が発展しました。しかし信長は、楽座にしないで逆に座を保護するという相反する行動をたくさんとり、自分にとって必要な座、

必要な物資というものを保護しています。例えば、関の鍛冶とか瀬戸の焼き物、あるいは、長良川では薪座などです。信長にとって必要なものは、座を楽にしないで保護していったということ。したがって、為政者はある意味自分勝手ということです。自分に必要なことはやる。だから楽座も自分に必要だから行った。だから、長続きはしない。信長の死後、秀吉は楽座を廃止し、座の保護に回ります。結局そういうふうにならざるを得ないため、やはり庶民の思いが重要になってくると思います。為政者というのはそういうものでしょう。庶民の思いをくみ取りながら政治をしていく。それは、現在の場合も大いにあてはまる。そういう願いをできるだけ市民が市や、国に要望し伝えていかなければならない。

(植木)
　戦国時代の魅力というのは、彼らが自分で生産するわけではなくて、他人の生産の上に寄生してそこから富を吸い上げる。それが権力基盤ということになりますから、結局、この辺りでいうと、川を保護してそこで商売させて営業をさせて、そのために楽市楽座を一生懸命普及させる、あるいはそれがもっと拡大すると、近江では、琵琶湖に通行税をかけて、その上がりをせしめるとか、それで日本海までつないでいく。さらには、堺の商人を支配することによって、南蛮貿易をすることによって、税金を取り上げる。そういう意味では、ものすごく経済力があった。こういうたくらみというのを、彼はできたのではないでしょうか。

信長の気概で美濃を再生

(吉田)
　私はいつも信長の話をするときは、今世界中で使われている、ガラパゴスという言葉を用います。これはダーウィンが発見した島の名前です。それまで人間が入ったことのなかった島に今から1世紀以上前にダーウィ

ンが入り、ここにこんな動物がいると驚きました。そこから転じて最近は「ガラパゴス化」などといって、世界から取り残されたいびつな進化の仕方を指すようになっています。その意味でいうと、私は現代は、信長のガラパゴスを打ち破るような闘志に欠けている時代ではないかと考えます。信長はあの短い人生でものすごく頑張った。戦乱に明け暮れた時代において信長がいろいろやったことが、日本人の度肝を抜いたのです。

だから、いろいろ批判もあるだろうけれども、その彼の精神というものは、今、私たちの住んでいる郷土の人間にも欠けているのではないか。それを取り戻すためには、人材を発見する、登用する目を持たなければならない。信長は持っていたから偉い。郷土の発展のためにはやはり人間が光り輝かないといけない。残念ながら日本は織田家が3代で滅び、やがて徳川家になった。15代続いたけれど、封建制度のために、信長の精神は失われていった。

平成30年は、明治150年と

いうことで、われわれ日本人はここでもう一度考えようではないかという気持ちが盛り上がっておるようですが、基本になるのはやはり積極性、「日本人よ元気出せ」という言葉です。だから、やはり私たちの住んでいる岐阜市も岐阜県も日本も、元気出そうではないかと考えていきたい、そう思っております。

(植木)

日本の最初の地図はティセラという人が作ったといわれていますが、その地図はおそらく、フロイスなどが、宣教した列島の中で作ったと考えられます。ちょうど関ケ原の戦いの前に世界に向けて発表されたその地図を見ますと、驚いたことに、今の日本地図の概念が全然当てはまりません。恐らく真ん中に、美濃があるんです。それで、美濃の隣に尾張があり、都はその左に小さく書かれているのです。それが世界の中心になっている地図なのです。恐らく信長もそういう世界地図をバックにして何かいろいろ考えていたのでしょう。やっていることは非

常に地域的な、泥臭いことなのだけれども、その背後には、何か大きなたくらみというものがあって、そこへ皆を引っ張っていくと、いい世界があるのではないかと。極楽浄土があると思ったかどうかわかりませんが、そういうところで何かをやりたいと彼は思っていたのかもしれないと考えます。

（清水）
　時代の接点、時代の変わり目というのは強力なリーダー、指導者が必要ですけれども、そのリーダーは非業の死を遂げることがあります。そうすると、その時代がそこで頓挫して変わっていかないのかと思いますが実際は変わっていきます。それは、信長の時代もそうですし、明治維新も全く同じで、時代が変わるときには、誰かがその人に代わって登場してきます。そして、新しい時代をつくり上げていきます。
　信長は死んだけれどもその後は秀吉が登場します。結局時代が変わっていく元は、実は強力な為政者だけではない。強力な

為政者を、その時代に生きた庶民・民衆が突き動かしていって時代を変えていく。だから、時代を変えたのは、信長ではない、その時代にいた人たちである。今、信長の業績を振り返るならば、信長が執った政策あるいは精神性の元は、庶民にあると思います。

（矢島）
　信長が新しい世界を目指しこの岐阜の地で、改革を進めていった、その心意気は岐阜の地には、この450年ずっと息づいていると思います。日本は今元気がないですが、岐阜は地域創生ということで、この岐阜の地から新しい改革、経済・文化・企業も含めて改革の種に水をやって市民が育てていく、こういう厳しい時期だからこそ、やっていく時ではないかと考えます。

（植木）
　私は実は滋賀県に住んでいて、この座談会をする前に、県内にある安土跡と近くにある安土城博物館などを訪ねてまいり

ました。そこで見聞きしたことによりますと、城には極彩色の天守閣があり、内部には方丈の四角い壁があって信長はそこで寝起きしていたといわれます。今流に言えばマンションライフを実践した人です。

そこに描かれていた絵が４枚、そのうちの２枚には、孔子が描かれています。私は、信長が最後に頼ったのが孔子ではなかったのかと思いました。それはもちろん、曲阜の阜をとったというのが孔子の教えかもしれないということもあるかもしれませんが、最終的には、やはり、彼は孔子の故郷に行ってみたかったのではないか、天下統一した後、中国の孔子の故郷まで行ってみたかったのかなという感じでした。

（吉田）

やはり信長は忘れてはならない。信長の気概は受け継ぎたいです。スポーツでも政治でも。岐阜県から総理大臣は出ていないですから。私は今関ケ原の古戦場の整備の仕事をしていますが、関ケ原の合戦でも、あまり県内の武将は参加していないようですね。だから、やはり表舞台に立って活躍してもらいたいです。そして、それを引っ張り落とすような気持ちは毛頭持ってはいけない時代だと、みんなでバックアップするという時代だと、そう思います。

（植木）

最後に本書の表題とも関連させ、美濃の再生のあり方を考えてみたいと思います。信長が天下布武を唱えたのは時代の要請でしょう。しかし、現代の視点で美濃の再生を考えるとき、それには限界があります。今の状況下で天下布武を唱えてみても時代錯誤も甚だしい。そこで天下布武をまね、同じ四字熟語でこれを克服する表現として「天下布学」を提唱したい。学問でもって天下を治めるというのが現実的ではないかと思うからです。

江戸時代の美濃は「東の岩村、西の大垣」と称され、日本有数の文教都市でした。これは勁草書房から出版した私の古希記念論文集の中で清水先生がご指摘

されています。両藩には共に有名な藩校があり、学問を通して天下を考えるという素地は十分にありました。そしてこのことは現代の岐阜県のあり方を模索する上で大変参考になるのではないでしょうか。

　そのように考え、「天下布学」の思想を提唱し結びとさせていただきたいと思います。本日はありがとうございました。

第 2 部

フロイスの信長像に見る共感の意義

山崎　広光

2016年度の「今年の言葉」としてオックスフォード英語辞典は「ポスト真実（post-truth）」という語を選んだ。この語は「客観的事実よりも感情的な訴えかけの方が世論形成に大きく影響する状況を示す」言葉であり、英国の欧州連合離脱やトランプ米国大統領の選出などを反映した選択だ、という（BBCニュース／http://www.bbc.com/japanese/38009790）。日本でのいわゆるヘイトスピーチを見れば、この状況が欧米だけではないことが分かる。

　こうした時代状況の中であらためて考えてみたいのは＜共感＞の問題である。というのも、先に引用した「感情的な訴えかけ」の力は、それが一定の人々の共感を得るというところにあるからである。おそらく言説の真実か虚偽かはほとんど問題ではなく（むしろ虚偽であることに気付きながらも）、その言説を生み出す根っこにある感情や態度や、場合によっては心の傷が、共有されるのだ。そして感情的な訴えかけが持つこうした力は本来、正当なものとして評価されてよいと私は思う。

　問題は、それが自分にとっての異質な他者を排除することとつながってしまうケースがあることである。共感は共感の快さによってさらに求められる。そうした共感を得られる集団の内にいることは心地良い。しかしその集団が異質な他者集団を排除・攻撃することで際立つことになるとき、そこにある共感は狭い偏った共感だと言わざるを得ない。だが共感は先に述べたようにこうした内向きの態度をもたらすだけではあるまい。異質な他者との出会いを準備する共感の可能性はないのだろうか。より開かれた共感の可能性、その手がかりの一端を求めて私たちは時代をずっと昔にさかのぼる。

信長とフロイス

　16世紀後半、ヨーロッパからキリスト教の宣教師たちが日本を訪れたとき、戦国武将の中で異国人やその思想に深く興味を持った一人が織田信長であった。改宗した幾人かの大名たちとは異なり、信長自身は改宗しなかったが、宣教師たちの活動を手厚く保護した。確かに、「天下布武」のため外国との貿易を進めようという実利的理由が大きかっただろう。しかし同時に、異文化への純然たる興味関心もそこにはあったのではないか。

　信長と特に交流の深かった宣教師ルイス・フロイス (1532 − 1597) は、ポルトガル人で、対抗宗教改革の推進者イエズス会の宣教師であった。フロイスは当時の日本を描いた『ヨーロッパ文化と日本文化』や大著『日本史』を残している。とりわけ『日本史』での信長との交流の叙述は私たちが関心のある問題にとって興味深い材料を提供してくれる。フロイスの叙述からは、フロイスの目に映った信長と、信長の目に映った異人の姿さえ見えてくる。もっとも私自身は歴史の専門家でも異文化コミュニケーションの専門家でもない。だからあくまでも、異質な他者との出会いにおける共感の働きという観点でのみ、いうなら文学的に取り上げる。ここでは『日本史』の抄訳である『回想の織田信長　フロイス「日本史」より』（松田毅一・川崎桃太編訳、中公新書、1973）によって見ていくことにしよう。

　さて、冷酷非情は戦国武将の常であり、信長はことにそうしたイメージが強い。しかしフロイスの信長評からはそれとは別の、人間的で情の深い一面が浮かび上がる。「彼 [信長] は侮辱に対しては懲罰せずにはおかなかった」が、しかし「幾つかのことでは愛敬と慈愛を示した」（前掲書 2 頁。[　] は山崎による）。それは異人の

宣教師たちに対してばかりでなく、民衆に対しても、である。フロイスが二度目に信長を訪問したとき、場所は二条城の建築現場であったが、両人のやりとりを周囲で聞いていた人々の中に多くの仏教僧もいた。信長は彼らを指さし、こう言った。「あそこにいる欺瞞者どもは、汝ら（伴天連）のごとき者ではない。彼らは民衆を欺き、己を偽り、虚言を好み……。予はすでに幾度も彼らをすべて殺害し殲滅しようと思っていたが、人民に動揺を与えぬため、また彼ら（人民）に同情しておればこそ……彼らを放任しているのである」（同25頁）。

　他者に対する同情。それを印象強く示しているのがキリシタン大名・高山右近に対してのものである。1578年、摂津の領主・荒木村重が信長に背いたとき、荒木に妹と長男を人質にとられていた高槻城主・高山右近は、両者の間で苦悩していた。信長は右近が荒木に味方せぬよう、司祭オルガンティーノに説得に当たらせた。その際の信長の様子は右近への同情にあふれるものだった。すなわち、「目に涙を溜めるようにして」、右近の多くの美点やまれな性質、宣教師の教えの数々の良きこと、をオルガンティーノに詳述した。「信長の富裕と偉大さを見た者が、司祭が彼と話しに行ったかの夜の彼[信長]の衷心からの苦悩を目撃したならば、なおいっそうの驚きに打たれたに相違ない」とフロイスは述べる（同86－87頁）。異国人であるオルガンティーノにこれほど率直に自らの真情を吐露したのは、フロイスやオルガンティーノに対する共感に裏打ちされた信頼があったからであろう。その後、右近側の事情を知った信長は「右近殿に大いに同情を寄せ」たという（同91頁）。結局、右近は信長との和睦を決断する。

　フロイスの目に映った信長はこのような人物であった。そしてとりわけ宣教師たちに対して信長は深い共感的な態度で接した。彼ら

が異文化に属する異人であるということが、彼らへの深い関心と同情を信長に与える。フロイスは、日本の神仏とは反対の教えを説く宣教師たちに対する信長の心の広い親切な態度を、「はなはだ注目すべきこと」と言う（同68頁）。そしてまた、「彼は日本の諸国王、ならびに諸侯、諸将らすべての人を軽蔑したが、我らに対しては情愛を示した。また、異国人であるため、我らを憐れむべき人であるかのように取り扱」った、とも言う（同136頁）。さらに次の一件も付け加えておこう。時の天皇（正親町天皇）が宣教師を京から追放するとの綸旨（命令）を、1565年に引き続いて1569年に出したとき、信長はその綸旨を遺憾とし、宣教師たちが京に留まれるよう取り計らって、こう述べた。「予は、彼［フロイス］が外国人であるため彼に対して抱いている同情から、このように寵愛するのであり、彼は都から追放されはしない」と（同40頁）。

　信長がフロイスらに対して示した同情は、単に彼らが異国人であるためばかりではない。信長自身の内に彼らに対する共感を可能にするものがあった。すなわち信長は当時の支配的な思想である仏教思想に（天下平定の障害という政治的理由からとはいえ）一定の距離を置いていた。その距離を正当化し支配的な思想を相対化するものを、宣教師の言説の内に見いだしたのである。フロイスは信長が「日本の偶像である神と仏に対する祭式と信心を一切無視した」と言い、それは「かつて当王国を支配した者にはほとんど見られなかった特別な一事」だ、と言う（同135頁）。さらに、「彼は善き理性と明晰な判断力を有し、神および仏の一切の礼拝、尊崇、ならびにあらゆる異教的占卜や迷信的慣習の軽蔑者であった」とも言う（同3頁）。信長に対するフロイスの共感もここには読み取れる。また信長はキリスト教思想に関心を持ち、その教義に幾度となく耳を傾けた。ある時は地球儀を持って来させて多くの質問や反論をした。

その結果、「司祭と修道士が一同の前で答えたことに常に満足の意を表し」（同77頁）、「仏僧たちが言うことはみな偽りで、来世に関しては伴天連たちの言うことだけが真実と思われると常に話していた」（同73頁）。

このように、フロイスらの話を聞きキリスト教の思想を知ることで、仏教思想とは違う思想への共感を信長は持つことになった。宣教師たちへの共感を準備し容易にしたものは仏教僧への嫌悪であり、また逆に宣教師たちへの共感は仏教僧への嫌悪を正当化した。つまり、キリスト教という異文化を体現する宣教師たちへの共感が、当時の日本の支配的思想であった神仏習合的な世界観から信長を解放した。信長は、異人との接触と共感を通して、支配的な思考枠組みの外へ自らを連れ出したのである。確かに、例えばキリスト教に改宗した大名たちのように、異文化接触が仏教思想からの脱却の直接的な契機になったというよりも、すでにあった傾向を正当化し強める契機になったというべきであろう。そして信長であれキリシタン大名であれ、戦国武将としての規範や価値観という既成の思考枠組みから自由になったわけではない。それでもなお、異質な他者との、共感に裏打ちされた出会いが信長にもたらしたものは極めて大きかったと言えるのではないだろうか。

フロイスらへの共感が信長自身の言説に反映しているとさえ思わせる興味深い叙述がある。それはフロイスのまことに辛辣な信長評の中にあって、こう叙述される。「彼[信長]は時には説教を聴くこともあり……内心、その真実性を疑わなかったが、彼を支配していた傲慢と尊大さは非常なもので、そのため、この不幸にして哀れな人物は……自らに優る宇宙の主なり造物主は存在しないと述べ」るに至った（同136頁）。そして「全身に燃え上がったこの悪魔的傲慢さから……単に地上の死すべき人間としてでなく、あたかも

神的生命を有し、不滅の主であるかのように万人から礼拝されることを希望した」（同137頁）。「宇宙の主」、「造物主」、「神的生命」、さらに「不滅の主」の語は、キリスト教思想に固有の語であるから、フロイスがここで述べている通りに信長が語ったかどうかは分からない。キリスト教宣教師としてのバイアスも色濃くかかっているだろう。それでもなおこれに類した言動を信長がしたと想像するならば、そこには、宣教師から聞き知り一定の共感をした思考の一端を、信長が用いたであろうこともまた想像できるだろう。

共感とは何か

　フロイスという異人との接触と共感が信長に何を与えたかを見てきたが、あらためて、そもそも共感とは何かを確認しておきたい。「共感」の意味内容に重なる語は、日本語では「同情」「同感」「感情移入」「憐れみ」などがあり、英語でも sympathy, empathy, compassion, pity などがある。これらの語義の異同にはここではこだわらず、「共感」を広く捉えて、「ある人の人間性を自分のことのように感じ、何らかの仕方で自分をその人とつなげようとすること」と定義しておきたい（共感概念の詳細な検討については拙著『共感の人間学・序説』晃洋書房、2015、を参照していただくと幸いである）。

　この共感の働きには感情的・認知的・実践的という三つの側面がある。すなわち、他者の感情・思想・生き方などを自分のことのように生き生きと実感することが感情的側面であり、他者の視点を取ることでその人が直面している問題やさらにはその人自身であることがどういうことであるかを理解することが認知的側面である。そして窮状にある他者の援助に向かったりその人の生き方に倣ったりすることが実践的側面である。

さて私たちのここでの問題関心は、異質な他者との出会いを準備する共感の可能性ということであった。その観点から触れておかなければならないのは、共感の「偏り」と「陶冶」ということである。

　まず、共感はある特定の他者に対してのものだから、そこには一定の「偏り」がある。私たちは身近にいて生活を共にする人々にこそ愛着を持ちやすい。こうした愛着を18世紀の思想家アダム・スミスは「慣行的共感」と呼ぶ（『道徳感情論』水田洋訳、岩波文庫）。慣行的共感によって私たちは、この共感の対象となる者の幸福を促進し悲惨を阻止しようと意欲するのである。私たちは、こうした共感によってつながれた人々の集団を容易に形成するとともに、そうした集団内の人にこそ共感しやすい。だから共感の働きは内向きの集団、場合によっては排他的な集団をも形成させうるのだ。ここから、より開かれた共感はどのようにして可能かという課題も出てくる。ここでより開かれた共感というのは、スミスの先輩思想家ヒュームが「拡大的共感 (extensive sympathy)」と呼び（『人性論』大槻春彦訳、岩波文庫）、現代の心理学者ホフマンが「普遍的共感 (universal empathy)」と呼ぶ（『共感と道徳性の発達心理学』菊池章夫・二宮克美訳、川島書店）ものと同じである。

　他方、共感は「陶冶」可能性を持つ。このことはカウンセリングのスキルの一つとして共感の能力が重視されることからも明らかだ。その共感の能力は先天的に決定されているのではなく、多様な人生経験（その中には現実の経験だけでなく、文学や芸術における想像力的経験も含まれる）によって培われ、一定の訓練によって、より幅広くより深くその能力を育てることも可能である。しかも共感の陶冶は自己形成とともに進む。共感の陶冶あるいは発達とは、いま現に見ている他者のありようだけでなく、その人のこれまでの人生の道のりや思想背景や予想される境遇といったものへの共感を

可能にするところにある。それは「いま・ここ」の直接的状況を超えた共感であり、それを可能にするのは想像力の豊かさや多様な人生経験、総じて豊かな自己であろう。逆にまた共感の働きによって自己自身もより開かれた共感的自己として形成される。そのようにして内向きの共感から、より開かれた共感、各人の属する集団をまたいでの共感へと、共感能力は陶冶され得る。

信長とフロイスの先へ

　再びフロイスと信長に戻ってみよう。布教目的で日本を訪れたフロイスだが、実に公平な目で日本文化を見ている。日欧の文化を比較する著作は彼我の違いを諸事実として列挙するのみで、優劣の比較をしていない（仏教僧に対してのものを除いて）。ある場合には日本文化への賞賛のニュアンスさえ読み取れる。例えば、子どものしつけをむちで行う西洋に対し、日本では言葉で説き聞かせると言う（『ヨーロッパ文化と日本文化』岡田章雄訳、岩波文庫、64頁）。また西洋の子どもは落ち着きがないが、日本の子どもは「その点非常に完全で、全く賞賛に値する」と言う（同66頁）。ここにはフロイスの内にある並々ならぬ＜人間への関心＞と、日本人を同じ人間として承認するという態度がある。それが信長への共感にあふれる叙述を可能にしたのだろう。また信長にしても、異人であるフロイスらを同じ人間として承認する用意があったからこそ彼らを歓待できたのだ。しかもすでに見たように信長自身の内に宣教師たちの思想に共感できる用意が一定程度あった。

　しかし当然のことながら両者において異文化への共感には限度がある。フロイスにはキリスト教宣教師のバイアスによって、信長には現世中心主義ともいうべきものによって。当時の仏教界が堕落していたのかもしれないが、仏教僧を悪魔呼ばわりするフロイスの言

い方は私たちからみれば偏見というべきものだ。一方、信長も超越的なものを無視して現世的なものを重視する態度に変わりはなかった。来世に関しては、「信長は……来世はなく、見える物以外には何物も存在しないことを確信」していたというフロイスの証言が、より真実であろう（『回想の織田信長』40頁）。キリスト教的な超越神を受け入れないとしても、超越的な価値の次元を自らの思考の参照点とすることは非キリスト教徒にとってもあり得るが、それもなかった。それ故フロイスは信長を辛辣に批評することになった。共感が成立しないある限度というものが共にあったわけだ。

　さて、信長とフロイスにおける共感のありようから私たちが確認できたのは、異質な他者を同じ人間として承認することの重要性、およびそのような他者との接触と共感が既成の支配的思考枠組みの外へ私たちを連れ出す契機になり得る、ということであった。この二点をめぐって私たちはさらに先へ思考を進めてみたい。

　そこで、異質な他者との出会いを準備する共感とはより開かれた共感であり、より開かれた共感を可能にするのは異質な他者との出会いであるという、相互作用あるいは一種の循環に目を向けたい。そこには共感の不成立と自他の認識への促しが含まれている。そしてこの相互作用を根底で支えているのは他者の＜人間であること＞の承認である。

　まず、異質な他者とのコミュニケーションを通して、私たちは共感できる部分とそれ以上ついてはいけない部分とを感受する。異文化への驚きとともに、最初の共感がもたらす、その他者についてゆこうとする傾動の故に、この共感の不成立はその人をさらによく知りたいという意欲と、その人とは違う自分自身へのさらなる関心とを呼び起こす。そしてその人の置かれた歴史的・文化的な状況の中でその人自身をさらに理解しようとし、他方で自分自身を理解しよ

うとする。このような認識の努力によって、私たちが日常的にその中で生きている既成のあるいは支配的な思考枠組みに気付くことが可能になる。そのことが既成の思考枠組みを相対化させ、私たちをそこから自由にさせ得る。

　次の段階として、自他のさらなる認識への意欲をばねにして、より深く開かれた共感へと進んでいこうとするならば、その他者への関心の持続と、根底的な＜人間への関心＞といったものが必要であろう。もちろん私たちはすべての他者あるいは異人に関心を持ち続けることはできない。共感の不成立を含みつつもどんな他者に関心を持ち続けるかは、私たちの＜自己＞がどんな他者を受け入れる用意ができているかに依存するだろう。その＜自己＞は、それまでの多様な共感の経験によって育まれ、＜人間への関心＞を根底に持ち、異質な他者の＜人間であること＞を承認できる＜自己＞であるだろう。

歓待の条件と平和

　異質な他者を同じ人間として承認するという態度は、開かれた共感を根底で支えるものであるのみならず、平和のために必要なものでもある。その点を最後に見ておこう。

　18世紀の哲学者カントは『永遠平和のために』の中で、諸国家間の連合（今の国際連合に当たる）を世界平和のための必要条件として提唱していた。同じ著作の中でさらに、国家間の連合を基礎にした共通の法秩序を世界は持たねばならず、そのような法秩序は普遍的な「歓待 (Hospitalität)」の条件によって制限されていなければならない、と言う。カントによれば、歓待すなわち善きもてなしとは「外国人が他国の土地に足を踏みいれたというだけの理由で、その国の人から敵として扱われない権利」である（『永遠平和のた

めに／啓蒙とは何か』中山元訳、光文社古典新訳文庫、185頁）。それは客人としてのもてなしを要求する権利ではなく、その国の人に敵対しない限り安全に訪問できる権利である。なるほどそれは異文化間あるいは国家間のコミュニケーションそのものではまだなく、単に「昔からの住民との交通を試みる可能性の条件を提供するだけのものにすぎない」（同186頁）。しかしそれを起点として、諸国家が平和な関係を結び、そしてこの関係が公的で法的なものとなり、人類が世界市民的な体制になることが期待できる、と言う。

　ドイツ語のHospitalitätは英語ではhospitalityであり、日本語では時に「おもてなし」とも言われるであろう。だが商売っ気が先に立った「おもてなし」以前の、そもそも人間を人間として受け入れるという、コミュニケーションにおいて最も基本的根底的な態度が歓待なのだ。敵対的でない限りのすべての外国人にそれを認めるのがカントの言う歓待の権利である。こうした態度を単に自然的資質や習俗のままに置くのではなく、理性的な原則として立てるべきだとカントは考える。それが永遠平和への道筋なのである。

　異質な他者との出会いを準備する共感は、開かれた共感であり、共感そのもののダイナミズムによって既成の思考枠組みから私たちを連れ出す可能性を持つ。そして共感が開かれた共感になるためには、それが共感の限界と交錯しなければならない。すなわち、一方には共感の不成立が肯定的な意味を持つものとしてあり、他方には理性的なものがある。共感の不成立は自己と他者へのさらなる関心と理性的認識への意欲をもたらすだろう。そしてこの共感のダイナミズムを根底で支えているのは、自他の人間としての承認、とりわけ異質な他者の＜人間であること＞の承認である。＜人間であること＞のこの承認を、歓待の権利という理性的な原則として立てるこ

とは、平和を目指すためにも重要だと思われる。共感をめぐる経験と思考の意義はこれらのうちにあるだろう。

信長と能
― 乱世の処世術 ―

米田　真理

はじめに

　「よく働き、よく遊ぶ」という言葉がある。日本経済の成長が右肩上がりだった時代には、「仕事ができる男は、遊び方も知っている」と言わんばかりの風潮すらあった。だが、あの頃、毎週末の飲み会やゴルフにいそしんでいた社会人たちは、果たして「よく遊ぶ」ことを楽しみとしていただろうか？　取引先や社内の人間関係を円滑に運ぶために、処世術として「よく遊ぶ」よう努めていたのではないか？

　戦国時代の武将たちにとって、能は、主要な趣味や教養だった。信長もまた、各種の資料の中に、能との関わりを伝えるエピソードを見いだすことができる。しかし、残念ながら、それらを基に「信長が能を愛好していた」と評することは、とてもできない。

　能を愛好した武将とは、自らが能を舞ったり、謡ったり、楽器を演奏したり、といったことを日常的に行っていた武将、あるいは能役者を雇っていた武将のことを言う。いわゆる「三英傑」で言えば、豊臣秀吉は、50代の終わり頃から能に溺れるようになった。稽古を始めて半年後の文禄2（1593）年にはなんと皇居で、自らを中心とする武将ぞろえの演能を催している。

　徳川家康もまた、人質として身を預けていた駿河の今川氏が能好きだったこともあって、幼少時から舞や謡を稽古し、玄人も一目置くほどの腕前だったという。

　それに比べると、信長の能への関わり方は、ずいぶん淡泊なほうだ。残っている記録はどれも、能がうまかった、とか、頻繁に見ていた、といった類いの内容ではない。だが、それだけにいっそう、能と積極的に関わった事例が大きな意味を持ってくる。信長にとって能とは「趣味」ではなく、ここぞというところで利用する「処世

術」だったのではないか。

　信長にとって、能とはいかなる存在だったのか……。その答えを探りながら、本章では、能との関わり方を軸とした信長の事跡を追ってみたい。

　なお、現代において「能」と称する芸能は、信長の時代には狂言とともに「猿楽」と呼ばれるのが一般的だったが、本稿では簡単に「能」と記すことにする。

陣中の舞　― 人生五十年 ―

　信長と芸能についての最も有名なエピソードは、永禄3（1560）年5月、桶狭間の戦いに臨んで「人間五十年……」という舞を舞ったことだろう。『信長公記』によれば、今川義元がいよいよ尾張に侵攻し、鷲津・丸根砦への攻撃を開始したと知った信長は、19日の未明、わずかな兵を率いて出陣する。その際、

　　人間五十年　下天の内をくらぶれば　夢幻のごとくなり　一度
　　生を得て　滅せぬ者のあるべきか

　　　　　　　（史籍集覧所収の本文を読みやすい表記に改めた）
と舞い、「螺ふけ、具足よこせよ」と言って、立ったまま食事をかき込むと、出陣したという。

　このとき信長が舞ったのは能の舞ではなく、幸若舞という別種の芸能の、「敦盛」の一節である。このことから、信長は能よりも幸若を好んだという説もあるが、そうとは断言できない。家老がこぞって反対したといういちかばちかの出陣に臨み、たまたま、人間はいつかは必ず死ぬのだという詞章が脳裏にひらめいたのではないか。だからこそ賭けてみるのだ、と。

　一方、4万もの兵を率いる今川義元は、桶狭間にて休息した際に鷲津・丸根の陥落を知り、満足げに「謡を三番うたはせられ」たと

いう。ここでの「謡」は間違いなく能の謡であろう。今川義元は、観世大夫をはじめとする能役者を多数抱え、能好きで知られた武将である。すでに三河・尾張の要所を掌中に収めた上での、大軍を率いての出陣だった。信長を落とすことなどわけもないとの余裕にあふれた宴席だっただろうか。

　もっとも、信長や義元が陣中で、本当に舞や謡を行ったかどうかはわからない。このエピソードを載せる『信長公記』は、歴史書（ノンフィクション）と語り物（フィクション）の、両方の性格を併せ持つ資料なのである。だが、夜中、命懸けで敵陣へと向かう信長と、陣中でありながら穏やかに過ごす義元との対比が、舞や謡を介して鮮やかに伝わってくる。

　そして、何より、戦国武将たちにとって、芸能が身近な存在であったことが知られるのだ。

能は、室町幕府とともに

　そこで、まず、なぜ能が戦国武将たちに親しまれていたかについて触れておきたい。

　現代上演されている能が大成したのは今から約600年前の室町時代前期、ちょうど金閣寺の建立と同じ頃である。そもそも能は、寺院や神社に奉納される芸能を礎としており、中でも奈良大和では、興福寺や法隆寺、多武峰寺といった大寺院を本拠地とする四つの座（演能グループ）が活動していた。

　その一つ観世座のメイン役者・観阿弥とその息子・世阿弥が、室町幕府の三代将軍足利義満の後援を受けるようになったことが、後々、能が武将との結びつきを深めるきっかけとなった。さらに、世阿弥の甥にあたる音阿弥も、六代将軍義教や八代将軍義政から興行をサポートされたり、知行地を与えられたりするなどの厚遇を受

けた。

　さらに、能は幕府公式の芸能として位置付けられるようにもなった。毎年正月の行事にしても、4日には観世大夫（観世座のリーダー）が将軍に拝謁して謡う儀式（謡講）が行われたし、14日には将軍御所の庭で、観世大夫による祝言の歌舞である松囃子と能とが行われた。

　将軍が畠山氏や一色氏、山名氏、細川氏といった幕臣の邸宅に出向く際にも、能が行われる慣習だった。恐怖政治を行った六代将軍義教が赤松満祐邸で暗殺された際も、その現場は能を鑑賞している最中だった（永享13〔嘉吉元〕・1441年）。

　永正5（1508）年に十代将軍義稙を奉じて上洛した大内義興による、将軍補佐役の所作法に関する伊勢貞陸からの聞き書き『大内問答』に、将軍御成の供応で「御能」を行うタイミングについて記されている。すなわち、初献の雑煮から四献目までは続けて供し、おちょうしの区切りをみて暫時休息、再び座について五献目を始めるころに御能を始めるというのである。ただし、定まった決まりはなく、三献目からでも、あるいは休息をとらずに御能を始めてもよいとされる。

　このように、能は将軍を中心とする武将たちの儀式として、あるいは文化的サロンにおける趣味教養として定位置を得ていた。それゆえに、歴史の重要な局面に立ち会うことになったのである。

能の源流が伝承されている「能郷の能」（岐阜県本巣市）

室町幕府の衰退　三好・松永政権と能

　天文18（1549）年、剣豪としても著名な第十三代将軍足利義輝が近江に追放された。将軍や管領細川晴元に代わって京都を支配するようになったのは、その首謀者である三好長慶と、長慶の寵臣として台頭した松永久秀であった。

　長慶によって畿内が平定され、久秀が摂津滝山城主に任じられた時期に当たる弘治2（1556）年7月10日、久秀は居城に長慶を招いて供応し、観世大夫の能を催している。

　この頃から長慶は将軍義輝と一時的に和睦し、将軍に仕える形で力を蓄えていく。永禄4（1561）年3月には、久秀の後継者である義興邸への義輝御成が実現し、供応のための能が催されている。

　このように敵と味方の関係が目まぐるしく替わる時代、和睦や恭順の姿勢を示す際には大規模な接待が催され、そこで能が演じられていた。実際には将軍御成の席でも、久秀や側近たちの頭の中にはすでに次なる政権乗っ取りの企てがあったかもしれない。だが、表向きには正しいやり方で供応が行われることで、一応その場の関係は安定する。そして、その正しさを構成する要素の一つが、能だったのだ。

　次に大きく歴史が動いたのは、先の供応からわずか4年後の永禄8年5月19日だった。先年に三好長慶が没したのを機に政権を奪還しようとした足利義輝を、松永久秀の息子久通と、三好義興、さらに三好三人衆（三好長逸・三好宗渭・岩成友通）らが暗殺したのだ。

　彼らは義輝を暗殺後、義輝の従兄弟・義栄を第十四代として擁立する一方、義輝の弟で僧籍にあった覚慶、後の義昭を興福寺一条院に幽閉してしまう。

だが、覚慶は義輝の側近らの助けで脱出に成功。伊賀、甲賀を経て近江の野洲郡矢島村に在所を置き、還俗して義秋（のちに義昭）と名乗るとともに、有力な武将に協力を呼び掛ける。永禄9（1566）年9月以降は、越前の朝倉義景の下へ移り、上洛の機をうかがっていた。

足利義昭と信長の台頭

この義昭の後ろ盾となることで他の武将たちから抜きんでたのが、織田信長だった。

尾張国・清洲城主であった信長が美濃国を制圧し、本拠を稲葉山城に移してこの地を「岐阜」と名付け、「天下布武」の印を用い始めたのは、永禄10（1567）年9月のことだった。

その頃の信長と能を巡る、次のようなエピソードがある。同11年6月上旬、信長は岐阜で信州伊那城代の秋山信友（虎繁・伯耆守）を3日間にわたって接待し、3日目に演能を催した。演者は信長のお気に入りだったという、丹波の梅若大夫だった。秋山信友は「武田二十四将図」にも描かれる武田信玄の重臣で、信長の長男信忠と信玄の娘との婚約に当たり使者として来訪したのだ。この前年の武田と織田との同盟交渉では、取り次ぎを務めている。

この頃から武田氏は駿河国今川領への侵攻を開始、徳川家康に同盟を持ち掛けるなど、天下取りに向けて大きく動き出していた。重要かつ緊張感にあふれた席での能の上演は、接待としての形を整えるとともに、リラックス効果も期待されたのだろう。

同じ年の5月17日、足利義昭が身を寄せていた越前の朝倉義景は、自城である一乗谷城に義昭を招いて供応し、能十四番を行っている。義昭は2年前から義景を頼って越前へ移っており、この年の4月15日には都から前関白二条晴好を招き、義景を加冠役とし

て元服式が行われていた。義昭の将軍擁立をめぐるライバル同士が、同時期にそれぞれ接待・親睦目的の演能に関わっていたということになる。

　この5年後には、室町幕府も朝倉家も、織田信長に滅ぼされる。その結果が歴史を大きく動かしかねない重要な会合に、能は立ち会っていたのである。

室町幕府最後の将軍義昭の就任祝賀能と、信長

　ついに永禄11（1958）年9月、信長は義昭を奉じて上洛し、あっという間に近畿各国の抵抗勢力を平定した。晴れて義昭が第十五代将軍に就任したのは10月18日。信長が行動に移して、わずか1カ月のことだった。

　同じ月の23日、義昭は信長に感謝の意を示すため、御所としていた細川幽斎邸で観世大夫出演の演能を催した。この時の信長と能を巡る興味深いエピソードが『信長公記』に残されている。表面的には当日の能の番組の義昭案とそれに対する信長の変更案の差異だが、実は、信長の天下統一に懸ける思いが如実に表れているのだ。

　本文を引用してみよう。

　　今度粉骨の面々見物仕るべきの旨、上意にて、観世太夫に御能を仰せ付けらる。

　　御能組　わき弓八幡　御書立十三番なり。

　　信長御書立御覧じ、未だ隣国の御望みもこれある事に候間、弓矢納まりたるところ、御存分なき由に候て、五番につゞめられ、細川殿の御殿にて御座候へき。

　　……（中略）……

　　わき　高砂　……

　　二番　八島　……

三番　　定家
　　四番　　道成寺。信長の御鼓御所望侯。然りと雖も、辞止申さる
（…… 中略 ……）
　　五番　　呉羽

　番組変更のポイントは三つある。

　まず「わき」（＝脇能。番組の最初に演じるめでたい曲）を、《弓八幡》ではなく《高砂》に変更せよ、という点だ。引用文を現代語訳すると「まだ隣国を手に入れようとのお望みもあることから、弓矢が納まったところがお気に召さない」と言っている。

　信長が気に入らないのは、《弓八幡》の詞章に見られる「弓を袋に入れ　劔を箱に納むるこそ　泰平の御代のしるしなれ」、すなわち戦を終え武具を収納することをことほぐ内容だ。つまり、信長にとっては、まだ天下統一を成し遂げていないので、戦を終えるわけにはいかず、《弓八幡》はふさわしくないというのである。そこで、最初の曲は、祝言の曲として最も一般的に用いられる《高砂》に変更された。

　次に、義昭案では能が十三番上演される予定だったが、信長案では五番に短縮されたという点である。

　能の番組作りには一定のルールがあり、めでたい曲、勇ましい曲、優美な曲、変化に富んだ曲……というように組んでいく。現代では1回の公演に、能は一〜三番組まれるのが普通だが、江戸時代以前はもっと多かった。義昭案の十三番も決して特異ではないのだが、信長にとっては、そんなに長時間付き合っていられないということだろうか、五番で結構、ということになってしまった。

　三点目は、義昭から《道成寺》の小鼓を打てと所望されたが、信長は断ったという内容である。信長の真意が、お前の命令など聞けぬということか、または単に自信がなかっただけなのか、ここから

推し量ることはできない。だが、先に挙げた二点と合わせ、信長が義昭の言うがままにならなかったのは確かだろう。

これらは、一見、天下統一に向かう緊迫感とは無関係なエピソードである。だが、ここには、義昭の将軍就任を巡る両者の温度差が明確に表れているのだ。

京都での信長

義昭の将軍宣下が無事に終わると、信長は義昭に帰国の意を伝え、10月28日、岐阜城へ帰城した。ところが年が明けて間もない正月6日、警護が手薄になった隙に、義昭が仮御所としていた日蓮宗の本圀寺（当時は本國寺）は三好三人衆の襲撃を受けた（本圀寺の変。六条合戦とも）。幸い、信長の帰京が奇跡的に速かったため、義昭は事なきを得た。

『信長公記』によれば、このとき能役者が1名、三好方で「討死」している。観世座の大鼓の名手であった高安与兵衛で、年齢は32、3歳であった。『四座役者目録』によれば「鼓ヲ高慢シ、其上我意ナル者」といい、頑固な性格であったらしい。同じ観世座でワキ方の役者であった小次郎元頼と仲が悪かったため、「六條合戦ノ刻モ、小次郎ガ首ハ吾取ベシ」と言い出したという。戦乱の世、能役者たちも、まるでそれが当然であるかのように戦の中で生きていたのである。

本圀寺の変の後、当所の防衛的な不備を危惧した信長は、義昭の新御所造営を思い立つ。本圀寺の建材や調度を解体、再組み立てしたことによって、義昭はわずか3カ月で新御所に移り住むことができた。こうして永禄12（1569）年4月14日には、二条城移徙祝賀能が催された。当代のトップ役者である観世大夫と金春大夫により、技を競い合う「立合能」の形式で行われたこの演能は、新し

64

い時代の幕開けを告げるにふさわしい華々しさであった。

　二条城が落成したのは、翌年の春だった。元亀元（1570）年４月１日、やはり観世大夫と金春大夫の立ち会いによる祝賀能が、大々的に行われた。招待された武将や公家たちは、徳川家康、北畠具教、三好義継、松永久秀、細川幽斎といった、そうそうたる顔触れである。

　この日の行事の目的は、直接的には、室町幕府の新しい本拠となる城のお披露目であり、幕府体制の存続を示すことであった。だが、すでに幕府や将軍に力がないのは自明のことで、むしろ、後ろ盾となっている信長の力が世に示されることになった。

　信長にしてみれば、自分は幕府を尊重しているという立場を表明することで、他の武将たちの動きをけん制する目的もあっただろう。

　その立場の裏付けとなるのは、繰り返しになるが、儀式を正しいやり方で行うことだった。祝賀行事における演能は、正しいやり方であることの保証となる。これこそまさに、信長にとっての処世術なのである。

宣教師フロイスによる能の印象

　ポルトガル人のイエズス会宣教師ルイス・フロイス（1532―97）は、永禄６（1563）年に来日し、35年間にわたり日本で活動した。その活動が軌道に乗ったきっかけは、同12年、信長と出会ったことだった。この年、信長はフロイスを岐阜に招き、山麓の居館や山上の城へと案内してもてなしたという。以来、フロイスの布教活動は信長からの厚遇を受けて全国に及んでいく。

　そのフロイスが天正13（1585）年にまとめた『日欧文化比較』には、能を中心とする芸能についての言及がある。（引用は、岡田章雄訳注　岩波文庫『ヨーロッパ文化と日本文化』によった。〔　〕は引用書による）

・われわれの劇は出し物が変化に富み、新しいものが創造される。彼らのものは始めからすべてきまりきっていて変わることがない。

・われわれの〔舞踊者〕は鈴を手にして真直ぐに進んで行く。日本人は手に扇をもって、いつでもまるで〔原文欠〕のように、または失った物を見つけるために地面を探しまわっている人のように歩く。

・われわれの間の種々の音響の音楽は音色がよく快感を与える。日本のは単調な響で喧しく鳴りひびき、ただ戦慄を与えるばかりである。

・ヨーロッパでは、少年は大人より一オクターブ高い声で歌をうたう。日本では、すべてが同じ音階でわめき歌う。そこではソプラノはお休みである。

これらの言葉には、西洋の舞踊や音楽と能との違いがよく言い表されている。と同時に、能の音楽に対して「戦慄を与える」とか「わめき歌う」とかいった、いわば悪い印象を持っていたことが知られて面白い。

ただ、フロイスがこのような感想を抱いたのは、彼の接した能が、武将や貴族の邸で行われた、宴席に伴う能だったからかもしれない。そのことは、

・ヨーロッパでは夜の集いや、劇や、悲劇の際に、飲み食いをしないのが習わしである。日本ではこのような時に、酒と肴を欠くことがない。

という記事からも知られる。

ちなみに、フロイスにとっては日本の酒宴やもてなし自体が違和感を覚えるものだったようだ。そのことは、

・われわれの間では誰も自分の欲する以上に酒を飲まず、人から

しつこくすすめられることもない。日本では非常にしつこくすすめ合うので、あるものは嘔吐し、また他のものは酔払う。

という記述からも知られる。

信長が岐阜や安土でフロイスに謁見（えっけん）したときの宴会も、能や音楽などの芸能が行われ、出席者同士が盛んに酒を酌み交わすものだっただろう。それが、客人をもてなすための、正しいやり方だったからである。

安土城の空中舞台

幕府の本拠地として二条城が建造されたものの、それから間もなく、将軍義昭と信長との精神的なつながりは急速に冷えていった。信長は義昭から幕府の要職就任を要請されたが応じず、逆に義昭の権限を制約していった。不満を募らせた義昭は、やがて反旗を翻したものの降伏せざるを得ず、元亀４（1573）年７月18日、238年間続いた室町幕府は幕を閉じた。10日後に信長は元号の変更を朝廷に奏上し、これが実現する。現代のわれわれが信長の時代として意識する〝天正年間〟の始まりであった。

信長は自分に従わない朝倉氏や旧幕臣たち、それに比叡山や一向一揆衆といった勢力を次々と討って、着実に地位を固めていく。そしてついに天正３（1575）年１月７日、信長は権大納言と兼任する形で右近衛大将に任ぜられた。これは、武門の統領のみに許される官職で、朝廷から征夷大将軍に匹敵する存在として公認されたことを示している。

天下人を自認した信長は、新たな拠点となる安土城を建造した。

五層七重にそびえ立ち、最上階が金色に輝く安土城天主（「天守」の字は近世以降）は、内部も奇抜な構造だった。天主の図面である静嘉堂文庫蔵『天守指図』によれば、一重目から四重目まで部屋の

67

中央部を貫く吹き抜けが見られる。そのうち、三重目にはその吹き抜けの右上部に「ふたい（舞台）」と記された張り出しがあった。言うならば〝空中浮遊舞台〟の様相である。周囲の座敷からも、ふすまを開けると、この舞台が見られるように設計されていた。

　この舞台は、能舞台としては小さすぎるし、形も異なっている。このことから、能専用ではなく、幸若舞という別の芸能向けの舞台だったという説もある。だが、繰り返し述べたように、儀式や宴会の際には能を上演するのがこの時代の正式な接待のやり方であった。舞台と観客席というハード面での設計は、誰も思い付かなかった大胆なものを作る一方で、行事の運営というソフト面では、旧来のやり方を守ったのではないだろうか。それが、〝信長流〟の処世術ではなかっただろうか。

能の伝統との関わり方

　安土城の建築様式もそうだが、戦法や宗教といったさまざまな面で、信長が改革を行ったことはよく知られている。だが、革新的な視点から伝統的なものを見直すと同時に、旧来の方法を維持しようとした例も多い。能への関わり方が、まさにそうなのだ。

　例えば、能役者との関わりである。小鼓の観世新九郎家に伝わる書状によれば、永禄11（1568）年、将軍宣下祝能の3日前に当たる10月20日、小鼓役者の観世彦右衛門豊次には山城国西福寺分の半分72石余について、また、同じく24日は、ワキ方の観世小次郎元頼に勧修寺郷の領地について、それぞれ安堵する朱印状を授けている。彼らは宣下祝能にも出演した名人で、室町幕府からも後援を受けていた。

　そのうち観世小次郎の勧修寺郷知行地を巡っては紛争が勃発し、これを収束するために信長は、元亀3（1572）年正月28日、採

決を下す内容の朱印状を出している。その内容は、三浦大和守が竹木や人夫の徴収をかけることを不当とする、観世小次郎側の訴えを認めるものだった。

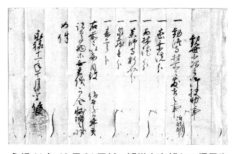

永禄 11 年 10 月 24 日付、観世小次郎あて信長朱印状（法政大学能楽研究所観世新九郎家文庫蔵）

ちなみに、能役者への知行については、このような例もある。同じく観世新九郎家に伝わる書状によれば、当家と荒木村重との間ではトラブルが起こっていたようだ。荒木村重といえば、信長に謀反を起こした有岡城の戦い（天正 6 ［1578］ 年 7 月）の首謀者である。この戦いは、黒田官兵衛（当時は小寺孝隆）が約 1 年間幽閉されていたことでも知られるが、能役者に限らず諸方面への対応の仕方が、運命を分けたのかもしれない。

ともあれ、将軍宣下もそうだが、二条城の落成など祝賀の儀式、あるいは要人の接待といった場面で大規模な演能は欠かせず、そのために能役者との関係を良好に保っておくことが重要だった。信長は当面、将軍義昭に代わって、室町幕府と能楽との関係維持に努めたのではないだろうか。

古都奈良の能への貢献

能を巡って、信長が旧勢力と折り合いを付けた例として最も重要なのは、奈良興福寺薪能の復活であろう。

現代では初夏の風物詩として知られる興福寺薪能は、もともと 2 月冒頭に行われる重要な仏教行事「修二会」の一部だった。能にとってはその歴史の基盤であり、鎌倉時代以来、金春を筆頭に金剛・観

世・宝生のいわゆる「大和猿楽四座」がそろって参勤することになっていた。

しかし戦国時代に入ると奈良もまた戦乱の地となり、東大寺大仏殿が焼失するなど荒廃してしまった。能役者たちは有力な大名を頼って地方に散らばったまま参集せず、伝統ある薪能はすっかり寂れてしまっていた。

だが、天正4（1576）年2月10日、数十年ぶりに四座の役者がそろう形で薪能が復興された。信長自身は訪れていないようだが、原田備中守ら近臣が見物している。また、同年11月28日には、同じく奈良の大祭である春日若宮祭の恒例行事、後日能も10年ぶりに復活を遂げた。

このように祭礼能の復活が実現した背景には、松永久秀と筒井順慶を中心とする大和地方の争乱が、信長によって平定、収束に向かっていたことが関係している。残念ながら、翌年には久秀が信長に謀反を起こしたこともあり、四座がそろう形での薪能は、この1回きりで終わってしまった。とはいえ、奈良の人々にとって、古寺社の祭礼は大きな誇りの一つであるし、能役者にとっても、祭礼能は代々の家業のルーツ、心のよりどころである。1回きりとはいえ、正しい形で上演されたことの意義は大きかっただろう。

能の大成者である世阿弥は、大和の能が京都進出を果たしたことを「天下の許されを得」た（『風姿花伝』奥義篇）と称した。くしくも天下取りを目指す信長によって、能は再び、ふるさと奈良に戻ってきたことになる。

ちなみに、次の復興は、文禄2（1593）年を待たねばならない。その立役者は他でもない天下人・豊臣秀吉であった。

人心の掌握

　信長による奈良平定後、事実上この地を治めることになった筒井順慶は、能や茶の湯に秀でた文化人だった。奈良興福寺の塔頭多聞院の僧が書き継いだ記録『多聞院日記』によれば、天正8（1580）年以後、順慶が居城を構えた大和郡山で、城内での演能や勧進能の興行が盛んに行われていたことが知られる。

　勧進能とは、本来は寺社の建立や修繕の費用を募るために行われる演能のことだが、広義では、幕府や朝廷など公儀の許可を得て行われる興行を指す。この勧進能を、信長が順慶に命じて行わせた例がある。天正9年4月8日から12日までの5日間、奈良の木寺（木守とも）で勧進能が行われた。これは信長が安土で順慶に命じて実現したもので、主演は丹波猿楽の梅若大夫だった。

　城内での儀式で行われる演能とは違い、勧進能は地域住民が見るものである。仮設舞台や桟敷の設営費用を地域で負担することも多かったが、一般に、勧進能に対する地域からの印象は、反発よりは歓迎ムードのほうが濃かった。信長にとって、勧進能の興行は、住民との精神的な関わりを得られるすべだったのではないだろうか。

　住人と能を巡る、こんなエピソードもある。『当代記』によれば、天正9年正月2日、信長は鷹狩りで得た鶴と雁を、安土の町人に与えた。町人たちは喜んでこの鶴と雁を調味したのだが、それに先立ち、佐々木宮にて能の興行があったという。

　このときの主催者はわからないが、ともあれ、この地で信長は人々から歓迎され、その思いを能が飾ったということになろう。天下統一を間近に控え、これまではとかく〝敵対するもの″に向けられていた信長の視線は、大きな広がりを見せ、〝自分が守るもの″へと向けられるようになったのだろう。

家康接待の能

　信長にとって生涯最後の大規模な演能となったのは、天正10（1852）年5月19日、安土城郭内に建立した總見寺で家康を接待した際のものである。

　同年2月、信長と家康は協力して甲斐の武田氏を滅亡させた。この戦功により家康は、武田氏の家臣穴山信君（梅雪）の領地だった駿河を手に入れる。その礼を述べるため、家康は信君とともに安土を訪れ、信長がこれを接待したのだ。

　『当代記』によれば、信長は日に、ひいき役者の幸若八郎九郎と丹波の梅若大夫に舞わせている。

　ところが、この時、梅若大夫が「目暗沙汰」という能を舞ったため信長は大いに不快になったという。「重ねて、か様に無心得にをいては、可有誅戮」、つまり、再びこのように心得のないことならば殺してやる、というのであるから穏やかではない。

　不快の理由は明記されないが、「目暗沙汰」という曲は今回の接待の場にふさわしくないと感じたからなのだろう。まず、この曲は、能としても謡としても知られていない。また、武将の異母兄弟が総領職を訴訟で争うという内容も、何かしら気に障ったのかもしれない。結局、八郎九郎がうまくとりなしたので、信長は機嫌を直し、役者それぞれに金子百両を与えている。

　このエピソードからは、信長にとって宴会の演能が、決して自身の娯楽という性格のものではないことが知られる。今回、ようやく武田氏を攻め落とせた功績の上でも、また、次の一手である毛利氏攻めを成功させる上でも、家康は重要な存在である。最大限のもてなしを、細心の注意を払って行いたいのは言うまでもない。

　その上、家康は幼少時から能をたしなみ、知識も豊富である。こ

の場にふさわしい演目であるか否かで、信長の教養が値踏みされる
ようなものである。今しも天下を手中に収めようとする信長が神経
をとがらせるさまは、能が、まさに乱世を生き抜く「処世術」のひ
とつであったことを示している。

　この演能からわずか10日あまり後に、信長は本能寺の変で47
歳の生涯を閉じた。一方の家康は18年後に江戸幕府を開き、徳川
家の政権は260年もの間、維持された。そして、能は、幕府公式
の芸能として歴代の将軍宣下や公家の供応といった重要な場面で演
じられ、その繁栄を基盤として今日まで続いている。
　「歌は世につれ……」といわれるが、能はまさに、人の世の流れ
とともに生き続けたのである。

おわりに　─ 信長自身は、能をたしなんだのか？ ─

　ところで、先に、将軍義昭の就任祝賀能において、信長が《道成
寺》の小鼓を所望されたというエピソードを紹介した。この内容か
らは、信長に小鼓のたしなみがあったようにうかがわれる。特に《道
成寺》は格別に難しい技術を必要とし、プロの役者でも相当の経験
を積んでから臨む曲である。信長は自ら能を演じる名手だったのだ
ろうか。
　実は、その直接の答えを示せるだけの資料は、今のところ見つかっ
ていない。だが、信長の子息たちが能を愛好し自らたしなんでいた
ことは、知られている。『当代記』（江戸時代前期の寛永年間に各種
資料を再編成した史書）によれば、長男信忠の腕前が見事だという
ので信長は怒り、信忠の能道具を取り上げ、プロの役者である梅若
大夫に与えてしまっている。だが、次男信雄や三男信孝が能を好ん
でいることに信長は気付いていなかったというのである。

長男信忠は本能寺の変の際に信長とともに滅び、清洲会議の後に岐阜城主に収まった三男信孝も、賤ヶ岳の戦いで柴田勝家ともども豊臣秀吉に滅ぼされた。だが、次男信雄は秀吉、さらに徳川家康の治世をしなやかに生き抜き、折々に能の腕前を発揮している。

　例えば、本章のはじめにも触れた、秀吉による文禄2（1593）年10月の禁中武将揃え能に、信雄は出家後の法名「織田常真」で出演している。この演能は秀吉をはじめ、徳川家康、前田利家、毛利輝元、宇喜多秀家、小早川秀秋などが顔をそろえる豪華なものだった。

　ちなみに、この演能には、清洲会議で信長の後継者に定まった「三法師」こと織田秀信も出演していた。14歳の秀信が、織田家の運命を担ってこの場に連なっていた心情を察すると、胸が詰まる。

　繰り返しになるが、信長は能の名手だったのかという疑問を解決するに足るエピソードは残っていない。これまで紹介してきたように、信長にとっての能は、趣味というよりは、乱世を生き抜くための処世術としての性格が強いのだ。

　だが、信長がもし秀吉や家康並みに命を永らえ、心安らぐ人生を送ることができていたなら、趣味として能をたしなむ信長の姿が伝えられていたかもしれない。そう考えると残念だが、逆に、能のゆったりとした時間の流れには似合わぬ人生を駆け抜けたからこそ、私たちは信長に魅かれるのだろう。

【参考文献】著者の50音順
天野文雄『能に憑かれた権力者　秀吉能楽愛好記』（講談社選書メチエ、1997年、講談社）
表章・天野文雄『岩波講座　能・狂言　Ⅰ能楽の歴史』（1987年、岩波書店）
木戸雅寿『よみがえる安土城』（歴史文化ライブラリー、2003年、吉川弘文館）
鈴木正人『能楽史年表　古代・中世編』（2007年、東京堂出版）
二木謙一『中世武家の作法』（1999年、吉川弘文館）

NHK スペシャル「安土城」プロジェクト『NHK スペシャルセレクション信長の夢「安土城」発掘』(2001 年、日本放送出版協会)

ルイス・フロイス著、岡田章雄訳注『ヨーロッパ文化と日本文化』(ワイド版 岩波文庫、2012 年、岩波書店)

『多聞院日記』第三巻 (1936 年、辻善之助編、三教書院)

『当代記』(史籍雑纂 第二巻、1911 年国書刊行会編、国書刊行会)

『信長公記』第八、巻一五 (史籍集覧 第十九巻、1902 年、近藤瓶城編、近藤出版部)

野上記念法政大学能楽研究所　観世新九郎家文庫蔵 69 頁写真は同研究所「能楽資料デジタルアーカイブ」提供

地方創生は新たな戦国時代なのか？
— 信長 450 年祭に寄せて —

出雲　孝

『論語』の国家観

「孔子曰く、天下に道有れば、則ち礼楽征伐、天子自り出ず。天下に道無ければ、則ち礼楽征伐、諸侯自り出ず。諸侯自り出ずれば、蓋し十世にして失わざること希なし」（下村胡人〔訳〕：先師がいわれた。天下に道が行われている時には、文武の政令がすべて天子から出る。天下に道が行われていない時には、文武の政令が諸侯から出る。政令が諸侯から出るようになれば、おそらくその政権が10代とつづくことはまれであろう）。中国古典の最高峰『論語』季氏第16の2は、中央集権を是とする儒者の国家観を高らかにうたい上げている。「燕雀安んぞ鴻鵠の志を知らんや」と嘆いた陳勝のように、野心家が乱世に憧れる一方で、儒者たちは安定的な統一王朝を評価していた。

しかし、現実はそうもいかない。孔子が手本とした周王朝もまた、諸侯の台頭と春秋戦国時代を招いた。群雄割拠である。始皇帝による統一まで、そこからおよそ550年かかった。彼の秦もまた2代にして倒れ、真の中華の安定は、高祖劉邦が打ち立てた漢王朝を待たねばならない。この漢王朝もまた前漢・後漢と危機にひんし、西暦220年には魏への禅譲によって滅ぶこととなる。いわゆる三国志の到来である。中央集権への憧れとは裏腹に、その維持は極めて難しいようだ。今回の論稿においては中央と地方との関係について、信長450年祭をきっかけに、地方創生の話題を絡めながら考えてみることにしたい。

破壊と統一 ― 信長の矛盾 ―

信長が井口を岐阜と命名し、天下布武を唱えたのは、漢王朝滅亡から1300年以上も後、1567年の出来事であった。岐阜の「岐」

は周王朝の開祖文王が岐山の出身であることに由来し、「阜」は孔子が曲阜の出身であることに由来する。冒頭を孔子と周王朝の話から始めたのは、このためでもある。そして、天下布武とは、新たな中央集権を目指すという宣言に他ならない。近年、信長が上洛を計画したのは美濃平定よりもさらに前の1566年のことであるという、新たな書状が発見されたらしい（日本経済新聞電子版2014年10月3日「信長『幻の上洛』、大名離反で頓挫　裏付ける書状発見」。詳細は村井祐樹「幻の信長上洛作戦」『古文書研究』第78号、2014年を参照）。他国に侵攻するときは、常に大義名分が必要である。将軍の座をめぐる争いは、戦国大名たちにとって都合のよい政争の道具であったのだろう（この点については加藤彰彦「織田信長の美濃侵攻・統一と足利義秋の上洛」『駒澤史学』第69巻、2007年、64頁を参照）。信長の天下統一事業は、まさに岐阜から始まったのであった。

　天下統一とは、各地に散らばっている諸勢力を、ひとつの政治権力のもとへ服従させることに他ならない。ところが、ここにはひとつの矛盾がある。正統な中央は、まだ京に健在であった。永禄の変（1565年）による将軍足利義輝の殺害、義栄の擁立（1568年2月）とその排斥（同年9月）により、信長は義昭（義秋）を第15代将軍に擁立した。中央集権の回復であるが、これを続けていたのでは、信長による天下統一はならない。室町幕府が復興するだけである。信長は、自分が回復させた中央権力を、何らかの口実で破壊する必要に迫られていた。しかも、その破壊は、天下に道が行われている中央集権こそ素晴らしいという、冒頭の『論語』季氏第16の2の価値観に基づいている必要があった。さもないと、今度は信長の立てた中央集権が、何者かによって転覆させられる恐れがある。後者の点について信長がどの程度まで成功したかについては、専門家の

ご見識に委ねたい。

神聖ローマ帝国の「死亡証明書」

　中央集権を否定しつつ肯定する ―― このような矛盾は、戦国大名に固有の悩みではなかった。視点をヨーロッパへ移してみよう。16世紀の中央ヨーロッパには、現代のドイツ、ポーランド、オーストリア、スイス、イタリア半島の一部を覆う、巨大な版図が存在した。「神聖ローマ帝国（Sacrum Romanum Imperium）」である。17世紀の自然法論者ザミュエル・フォン・プーフェンドルフが「怪物」と呼んだこの帝国は、複数の選帝侯（初期はマインツ大司教、トリア大司教、ケルン大司教、ボヘミア王、ライン宮中伯、ザクセン公、ブランデンブルグ辺境伯の7名）によって皇帝を選挙するという、奇妙な政体をとっていた。その皇帝の下に、「帝国議会（Reichstag）」という意思決定機関が置かれた。帝国議会は、「帝国等族（Reichsstände）」と呼ばれる地方諸勢力から構成され、その決定は構成員を拘束するものとされた。あるいは、そのように信じられていた。

　ここからが、筆者の専門である民法の話になる。1529年、帝国議会は、次のような議決を下した。相続人に甥と姪しかいないときは、頭数で等分すべし（Johannes KUHN, Deutsche Reichstagsakten/ Jüngere Reihe, Deutsche Reichstagsakten unter Kaiser Karl V., Bd. 7.2, 2. Aufl. Göttingen : Vandenhoeck und Ruprecht, 1963, S. 1305）。ところが、1572年、ザクセン選帝侯アウグストは、この相続制度に反対する立法を行った。つまり、中央の帝国議会の決定を無視して、独自に立法を行ったのである。「天下に道無ければ、則ち礼楽征伐、諸侯自り出ず。諸侯自り出ずれば、蓋し十世にして失わざること希なし」（下村胡人［訳］：天下に道が

行われていない時には、文武の政令が諸侯から出る。政令が諸侯から出るようになれば、おそらくその政権が10代とつづくことはまれであろう）が的中したのかどうかは定かでないが、1648年に締結されたヴェストファーレン条約は、神聖ローマ帝国の死亡証明書とあだ名された。

反逆者としての今川義元

　天下布武の「武」が何を意味するかについては、諸説あるらしい。単純に「武力」と解する説もあるが、『春秋左氏伝』における七徳の武（禁暴・戢兵・保大・定功・安民・和衆・豊財）から採られたという説もあると聞く。天下統一と七徳の武は、必ずしも相対立するものではない。けだし、この徳もまた周の武王、すなわち覇者のイメージと密接に結びついているからである。暴を禁じ、兵をやめ、大を保ち、功を定め、民を安んじ、衆を和し、財を豊かにするためには、中央集権的な統治機構が必要である。つまりは、裁判と法律の整備を前提とする。これは、日本が唐を模範として『大宝律令』を定め、鎌倉幕府もまた『御成敗式目』という成文法を定めた事実と一致する。統治には法が必要であった。法は、統治者の権力が及ぶ限りまで、自己の定めたルールに従わせる。この意味で、法は武力と同様に天下を平定する力を有する。

　では、その法が破られると、どうなるであろうか。例えば『御成敗式目』は、幕府の定めた公領などへの守護の立ち入りを禁じる「守護使不入」を定めていた。たとえ守護大名といえども、公領に関しては徴税権や裁判権を持たない、というおきてである。これを破ったのが、今川義元の『仮名目録追加21条』（1553年）であった。いわゆる分国法の代表例であり、これによって領内の紛争はすべて今川家に一括され、幕府の特権が否定された。ザクセン選帝侯アウ

81

グストが神聖ローマ帝国に対して行った反乱と、パラレルである。

　地方分権の大前提は、地方にルール作りの権限が与えられることである。この観点からみると、今川義元やザクセン選帝侯アウグストもまた、地方分権を押し進めた英傑である。ただ、彼らの地方分権は、中央政府から承認されたものではなく、奪い取ったものであった。その善悪は、さしあたり脇へ置いておこう。中央政府のルール作りが失敗している場合、地方は独自の立法権を持ちたがる。この歴史的事実こそが重要である。翻って現在の日本における地方創生は……という論へ入る前に、もう少し歴史の流れをみておこう。というのも、日本で天下統一を果たしたのは今川家ではなく、ヨーロッパでドイツ統一を果たしたのもザクセンではなかったからである。先駆者というものは、得てして優れた後発に負けやすい。

　日本史の流れについては、ここで詳説する必要はなかろう。今川義元は織田信長に桶狭間で破れ、その信長は明智光秀に討たれ、光秀は秀吉に討たれ、秀吉が統一した天下は徳川のものとなった。ヨーロッパでは、どうであったか。神聖ローマ帝国の有力者であったザクセンに対して、立ちはだかる勢力が現れ始めた。もうひとりの選帝侯ブランデンブルグ辺境伯である。フリードリヒ・ヴィルヘルム大選帝侯（1620-1688）は、巧みな外交と戦争により、1660年にポーランドから独立、さらに息子のフリードリヒ1世は、1701年、ケーニヒスブルグにおいて戴冠し、ここにプロイセン王国が誕生した。ポーランドの封臣から一国の王にまで上り詰めた家系は、戦国大名と比しても見劣りしないであろう。このプロイセンもまた、神聖ローマ帝国に対する法的独立を企て始めた。そのときお手本にしたのが、ザクセンの先例であった。

天下布武の達成

　ここで登場するのが、筆者の研究対象となっているクリスティアン・トマジウス（1655-1728）という法学者である。彼はキャリア的にも学問的にも体制寄り、悪く言えば《御用学者》的な側面があったことは否めないが、17世紀後半から18世紀初頭を代表するドイツの思想家であった。トマジウスは、プロイセンの法的独立に関しても一役買って出た。すなわち、ザクセン選帝侯アウグストの相続に関する決定が有効であるように、プロイセンも独自の立法権を持つと主張した。この主張のインパクトは現代においてはやや分かりにくいところもあるが、「岐阜県は明日から国会の言うことを聞かずに独自に法律を作ります」と言い出したようなものである。

　さて、法的独立を宣言するのは自由であるが、そのままでは威勢のよい戯れ言として処理されてしまう。この独立宣言に実効力を持たせるためには、少なくともふたつの条件が必要になる。ひとつは、当然に軍事的裏打ちがなければならない。今川義元も『仮名目録追加21条』の制定に当たって、寄親寄子制という軍事改革に乗り出している。プロイセンも同様に軍事改革を進め、この成果はフリードリヒ2世のもとで最高潮に達した。もうひとつは、独立宣言が法的に正しいという論証である。いくら軍事力を有していようとも、不法な独立宣言はその正当性を失う。そこでトマジウスは、「帝国等族の市民社会設立権について」（De iure statuum Imperii, dandae civitatis、1696年）と「共通法に反対する帝国等族の立法権限について」（De statuum Imperii potestate legislatoria contra ius commune、1703年）という論文において、プロイセン王国に独自の立法権があることを論証した。以降、プロイセン王国に立法権があることは自明視されるようになり、フ

リードリヒ・ヴィルヘルム 1 世（1688-1740）、フリードリヒ 2 世（1712-1786）、フリードリヒ・ヴィルヘルム 2 世（1744-1797）と続くプロイセン国王は皆、王国内に独自の民法典を持つことを望んだ。その集大成が、プロイセン一般ラント法（1794 年）である。2017 年は日本民法典の債権法部分の改正が行われたが、とかく立法とは国家の一大事業である。

　このように見ると、ザクセン選帝侯アウグストの判断は、ザクセン王国にとってはひとつの歴史的禍根を残したことが分かる。すなわち、ザクセン以外の諸侯にも、法的な独立の機運を与えてしまったことである。それは、今川義元の『仮名目録追加 21 条』が持っていた副作用と同じものであった。義元の立法は、今川家領内の独占的支配を実現し、幕府を排除し、戦国大名へと生まれ変わる原動力となった。と同時に、武田家などの他の戦国大名の誕生にもつながった。ちょっと考えてみれば分かるのだが、今川家だけが戦国大名になって、他の勢力には転身するなと説いても、そのようなわがままが通るはずもない。自分が中央政府に逆らうということは、他の勢力も中央政府に逆らって良いという暗黙の承認である。結局のところ、今川義元は、同じく戦国大名になった織田信長に破れる羽目となった。

　ここにおいて、今川家の命運とザクセン選帝侯ヴェッティン家のそれとが、奇妙な重なりをみせてくる。今川家は戦国史の中で敗者となり、ヴェッティン家もまた、ヨーロッパ史の中でその地位を低下させることになった。プロイセンとザクセンの明暗を分けた出来事は、ナポレオン戦争である。フリードリヒ・ヴィルヘルム 3 世（1770-1840）は、ナポレオンの侵攻を止めることができず、1807 年、ティルジット条約において領土の大半を失った。他方、ザクセンは、前年に行われたイエナ・アウエルシュタットの戦い以

後、対仏陣営に勝機なしとみて、プロイセンとの同盟を破棄、フランスと単独講和に踏み切り、同年の神聖ローマ帝国解体によってザクセン王国へと昇格した。前述のティルジット条約においても、新たに作られたワルシャワ公国の統治者に任命されるなど、プロイセン王国とは対照的な厚遇を受けた。

　ところが、このナポレオンに対する反抗と追従の結果は、歴史の中で逆方向によじれ始めた。敗北したプロイセンにおいては、哲学者フィヒテが「ドイツ国民に告ぐ」という演説を行ってナショナリズムを鼓舞し、天才参謀シャルンホルストやグナイゼナウ、クラウゼヴィツなどの軍制改革が行われ、1813年、プロイセン、ロシア、オーストリア、スウェーデン36万の大軍はナポレオン率いるフランス、ワルシャワ、ナポリ、ライン同盟20万をライプチッヒにおいて撃破した。世に言う「諸国民の戦い（Battle of the Nations)」は、ナポレオンの帝政フランス崩壊に決定的な一撃を加え、1814年、ナポレオンは無条件退位し、エルバ島へ流されたのである。彼はその後でフランスへ帰還してもう一旗揚げたわけであるが、これは「百日天下」に終わった。ナポレオンが負けたということは、ナポレオン側についていた同盟諸国も負けたということであり、それはザクセンの敗北を意味した。ザクセン王国は戦後のウィーン会議において領土の半分をプロイセンに割譲させられ、ワルシャワ公国も消滅した。以後、ドイツ帝国の誕生に至るまでの歴史は、一貫してプロイセン王国が主導することになり、ザクセン王国は事実上の従臣となった。ドイツにおいて天下布武を達成したのは、後進のプロイセンだったのである。

地方創世と地域間競争

　天下布武 ── 私たちは、本稿の出発点に戻ってきた。いよいよ

地方創生へと移ろう。地方創生の基本姿勢として「人口減少克服・地方創生のためには、具体的な政策目標を掲げ、その実現に向けて従来型の発想にとらわれず英知を結集し、あらゆる効果的な政策手段を総動員しなければならない。『縦割り』を排除するとともに、個性あふれる『まち・ひと・しごと』創生のため、全国どこでも同じ枠にはめるような手法は採らない。そのためには、地方自治体等が主体的に取り組むことを基本とし、その活気あふれる発意をくみ上げ、民間の創意工夫を応援することが重要となる」(まち・ひと・しごと創生本部決定「基本方針」2014 年 9 月 12 日 http://www.cas.go.jp/jp/seisaku/kyouginoba/h26/dai2/siryou1.pdf)。 そして、このような前提を踏まえた上で「人口減少を克服するための地域の効果的・効率的な社会・経済システムの新たな構築を図り、税制・地方交付税・社会保障制度をはじめとしたあらゆる制度についてこうした方向に合わせて検討する」(同上)と宣言されている。

　このように、地方創生においては地方自治体が主役となるわけであるが、これは地方自治体が、独自のプログラムを実施する権限を持つことを意味する。なるほど、これを戦国時代の地方分権と即座に比較することは、軽率であろう。しかし、このような独自のプログラムの実施が、必然的に地方自治体間の《競争》を招くということについては、ある程度の同意を得られるのではないだろうか。

ふるさと納税の評価

　例えば、ふるさと納税について考えてみよう。埼玉県所沢市は、2017 (平成 29) 年 4 月から、ふるさと納税の返礼品を廃止した。藤本正人市長は朝日新聞の取材に対して、「自治体がほかとの差別化を意識し、終わりなきレースになっている。しかも参加したら最後、闘い続けなければならない。とすれば、降りるしかないと

いうのが今回の決断だった」と回答している（朝日新聞 DIGITAL 2017 年 5 月 13 日「ふるさと納税返礼品、やめたら寄付ゼロ〈でも良かった〉」）。総務省は、同年の 4 月 1 日付の通知で、ふるさと納税の返礼品の価格を寄付額の 3 割までに抑えるように、全国の自治体に対して要望した。通知に強制力はなかったものの、例えば東海地方では、静岡県内 35 市町中、28 市町が、返礼品のあり方を見直す予定となっている（静岡新聞 アットエス 2017 年 5 月 9 日「納税返礼品見直し　総務省の通知受け、28 市町」）。岐阜県内では、通知が発せられる以前から、43 自治体のうち 13 自治体が、返礼品競争の是正は「必要だ」と答え、17 自治体が「どちらかと言えば必要」と回答していた（岐阜新聞 WEB 2017 年 2 月 6 日「〈是正必要〉県内 7 割　ふるさと納税返礼品競争」）。ただし、ふるさと納税そのものについては、8 割の自治体が肯定的な評価をしており、「市の魅力を発信できるツール」（各務原市）、「貴重な財源となっている」（揖斐郡池田町）というコメントがあった（同上）。

　山形県の吉村美栄子知事は当初、3 割規制に反対して、「地域に密着した金券や地元で作られた工業製品は（返礼品として）いいと思う」と述べた（河北新報 ONLINE NEWS 2017 年 5 月 29 日「〈ふるさと納税返礼品〉国の一律抑制 安易では」）。河北新報の記者も、「ふるさと納税は制度上、自治体同士が地方税を奪い合う構図になることは避けられない。自治体側はいきおい『他の市町村より地域の魅力を発信し、多くの人に喜ばれる返礼品を』と知恵を絞る。ふるさと納税で得た大切な公金の使い道にも、工夫を凝らすことになる。地方に一律『3 割以下』を押し付けるのは、こうした自治体の創意工夫を無視することにほかならない。総務省にとって、最も安易な対応ではないか。国が地方への税財源の移譲という本筋の政策を打ち出さない以上、総務省はふるさと納税の制度的な宿命でもあ

る返礼品問題の解決を、より柔軟な発想で図っていくべきだ」と批判している（同上）。

「天下に道が行われていない時には、文武の政令が諸侯から出る」（『論語』季氏第 16 の 2）。ふるさと納税の返礼品合戦は、天下に道が行われていないときに乱用される地方の勝手なルール作りなのだろうか。そうではあるまい。しかしながら、ここにはおそらく、義元や信長やプロイセン王やザクセン選帝侯などが挑んだところの、中央と地方との緊張関係が横たわっている。地方に自主的な取り組みをさせるためには、ある程度の競争を認めなければならない。競争は常に、勝者と敗者を生む。地方創生においても、それが競争である限りは、勝ち組の自治体と負け組の自治体とに分かれるはずである。ふるさと納税における地方税の奪い合いは、その一例であろう。

一極集中を打破する共生的競争

ドイツの公法学者カール・シュミットは、「友・敵区別がなくなれば、政治的生活がそもそもなくなる」と説いた（カール・シュミット〔著〕、田中浩／原田武雄〔訳〕『政治的なものの概念』未来社、1970 年、58 頁）。彼は「いかなる宗教的・道徳的・経済的・人種的その他の対立も、それが実際上、人間を友・敵の両グループに分けてしまうほどに強力であるばあいには、政治的対立に転化してしまう」と信じていた（同書 33 頁）。世界を友／敵に分類することでナチス・ドイツの政策に加担したシュミットは、最終的に大学を追われた。地方創生は、その本来の趣旨からすれば、地方自治体の弱肉強食的な争いを要請していないはずである。地方創生は、地方共生を前提にしなければならない。都市と地方の共生、地域と企業の共生は、従来から強調されてきたことである（これらについては

神尾文彦「大都市と地方の自立共生モデル：ローカルハブの形成が重要に」『知的資産創造』第 23 巻第 6 号、2015 年を参照)。

　歴史は、私たちに多くのことを教えてくれる。高齢社会に突入する日本に必要なものは、共生的競争であって排他的競争ではない。「天下に道が行われていない時には、文武の政令が諸侯から出る」の「道が行われていない」とは、国が適切な共生の枠組みを提供していない状態である、と読み替えても、的外れではあるまい。地方自治体間の経済的対立を政治的対立へと転化させない、最低限度のガイドラインが必要であり、このことは、ふるさと納税に限られず、地方創生一般に言えるはずである。例えば、東京への一極集中を緩和するためには、返礼品を目当てとした地方から都市へ、地方から地方への納税を制限し、当初の目標である都市から地方への納税を拡大する法整備も検討に値しよう。新たな戦国とならないように、戦国時代を振り返る。信長 450 年祭は、現代の共生について考える絶好の機会であろう。

芭蕉と大垣

山﨑　和真

はじめに

　貞享元（1684）年8月末から翌年4月下旬にかけての『野ざらし紀行』の旅で、芭蕉は、「しにもせぬ旅寝の果よ秋の暮」と大垣の船問屋の谷木因宅で詠み、死と隣り合わせであった旅の緊張感から解放される。

　また、元禄2（1689）年3月末から8月下旬にかけて東北・北陸地方を巡った『奥の細道』の旅で芭蕉は、9月6日に大垣を離れる折、「蛤のふたみにわかれ行秋ぞ」と詠んだ。芭蕉は、世話になった大垣俳人たちとの別れのつらさを、蛤のふたと身とが分かれることに例えて表現したのである。

　大垣は、江戸以外で初めて蕉風俳諧が花開き、芭蕉を慕う門人の多い土地であった。一方、芭蕉も大垣の地を深く愛し、大垣の俳人たちに心を寄せていた。

　そこで、本稿では、こうした芭蕉と大垣との関わりについて、その背景や具体的な様相に触れながら紹介する。

芭蕉の生涯

　ここでは、まず、芭蕉の生涯について見ておきたい。

　芭蕉は、寛永21（1644）年、伊賀上野（現三重県伊賀市）の松尾与左衛門の次男として生まれた。幼名は金作、長じて宗房、通称は忠右衛門・甚七郎（甚四郎とも）といった。松尾家については、「無足人」と呼ばれる郷士の家系とされ、家屋敷は、

小田海僊筆「ものいえば」句芭蕉像
大垣市奥の細道むすびの地記念館蔵

上野城下の「農人町」にあった。

　兄は半左衛門といい、他に姉が1人と妹が3人いた。特に兄半左衛門との関係に注目してみると、現在、芭蕉の書簡が数多く知られているが、その中には半左衛門に宛てた書簡も少なくない。そして、それらによれば、芭蕉が盆・正月に実家への送金を心掛けていたことがうかがえる。例えば、元禄2（1689）年、正月17日付の書簡には、「冬のしまいひもはつはつに御座候而、金子少も得進じ不申候」とあり、ツケの支払いがあって仕送りできずわびている。また、元禄7年正月頃の書簡には、「尚々、鏡代、人の持参候を直に進上、祝儀迄に御祝可被成候」とあり、人からもらった鏡餅代を年始の祝儀に送っている。

　松尾家の家督は兄の半左衛門が継いだため、次男の芭蕉は、長じると自活の道を探り、津藩の侍大将藤堂新七郎家に奉公する。藤堂家では、台所用人ないし料理人を務めたとされる。その一方、嫡子の良忠（俳号は蝉吟）に近習役として仕え、俳諧を好んだ良忠に付き従い、北村季吟の俳諧に触れる機会があった。

　23歳のときに良忠が亡くなると藤堂家を去る。29歳のとき、発句合『貝おほひ』を伊賀上野天満宮に奉納し、江戸へ移住する。江戸では、日本橋大船町（現東京都中央区）などの町名主を務める小沢家を手伝いつつ貸家を世話してもらい、34、35歳の頃に俳諧宗匠として独立した。しかし、独立前後の34歳から37歳の頃は、江戸神田上水のしゅんせつ工事の請負人を務めることもあった。

　俳諧宗匠としての芭蕉は、句の添削を行う点者の活動をしていたが、37歳のとき、日本橋から深川（現東京都江東区）へ移住すると、依頼人のたいこ持ちの側面がある点者として生きることをやめる。そして、深川の庵（芭蕉庵）で、門人の杉山杉風から経済的な援助を受けながら暮らし、俳諧の道を究めることに専念する。

後世、「旅の詩人」と称される芭蕉だが、旅を通じて俳諧を究めるようになるのは40代からで、旅に生きた人生は51歳で亡くなるまでの10年ほどのことである。

　旅が自身の俳諧精神を変化させる契機だという意識で臨んだ最初の旅は、41歳のときの『野ざらし紀行』の旅である。貞享元（1684）年8月末から翌年4月下旬まで東海・近畿地方を9か月かけて巡る。そして、芭蕉にとって初の紀行文『野ざらし紀行』が成立するとともに、江戸・大垣に続いて名古屋や近江（現滋賀県）の門人を獲得する。

　次いで、44歳のときには『笈の小文』の旅に出る。この旅では、貞享4年10月下旬から翌年4月まで東海・近畿地方を7カ月かけて巡り、さらに4月から8月にかけて中山道を経て江戸に帰着する（4月から8月にかけては『更科紀行』の旅として別にまとめられる）。この旅を通じて芭蕉の俳諧精神の充実が図られたのはもちろんのこと、岐阜の門人を獲得したことも大きな成果であった。

　そして、46歳のとき、芭蕉の代名詞ともいえる『奥の細道』の旅に出る。元禄2年3月末から8月下旬まで東北・北陸地方を5カ月かけて巡る。歌枕（古代・中世に和歌が詠まれた名所）を巡るとともに、東北・北陸地方の俳人たちとの交流に大きな期待を寄せた旅で、酒田（現山形県酒田市）や金沢で新たな門人を獲得した。

　その後も漂泊の生活を送り、元禄7年、51歳のとき、西日本を巡る旅の途中、大坂で亡くなった。

芭蕉と大垣の俳人たち

　次に芭蕉と大垣の俳人たちとの関係について見ていきたい。

　芭蕉は、大垣の地をこよなく愛し、大垣の俳人たちと生涯にわたり交流を重ねたことが、俳席の記録や芭蕉が彼らに宛てた書簡から

知られる。

　芭蕉と深い親交があった大垣の俳人には、谷木因・近藤如行・宮崎荊口・宮崎此筋・岡田千川・中川濁子・高岡斜嶺・津田前川・浅井左柳・嗒山（姓はおそらく下里）らの名前が挙げられる。

　このうち、最も早い時期に芭蕉と親交を持った大垣の俳人は、中川濁子と谷木因である。この２人との交流は、芭蕉の最初の大垣来訪より５～７年以前にさかのぼる。

　濁子は延宝５（1677）年、江戸勤番（江戸詰留守居役）となった際に芭蕉の門人となったという。『奥の細道』の「松島」の章段に、「杉風・濁子が発句あり」とその名が登場する。元禄７（1694）年10月、芭蕉は大坂で亡くなる直前、遺言状の中で、「永々御厚情にあづかり、死後迄も忘れがたく存じ候」と濁子夫妻への丁重な離別の言葉を残している。また、濁子は画技に秀でており、芭蕉の最初の紀行文『野ざらし紀行』の画巻、いわゆる『甲子吟行絵巻』（三康図書館蔵）を、芭蕉の草稿をもとに清書していることでも知られる。

　木因との交流は延宝８年、尾張国鳴海（現愛知県名古屋市）の下里知足の主催で、大垣・鳴海・桑名・名古屋の連衆（俳席への参加者）が詠んだ「空樽や」百韻に、芭蕉の評価を請うたことに始まる。もともと芭蕉と木因は、北村季吟の同門でもあった。

　さらに、近藤如行も濁子・木因同様、芭蕉が心を許した人物である。如行は、貞享元（1684）年11月、尾張国熱田（現愛知県名古屋市）の林桐葉の紹介で芭蕉の門

谷木因（『俳諧百一集』）
大垣市奥の細道むすびの地記念館蔵

近藤如行(『夜半亭六々句選』)
大垣市奥の細道むすびの地記念館蔵

人となったという。貞享4年には、『笈の小文』の旅で、熱田から名古屋まで芭蕉に同行し、俳席をとももする(『如行子』)など、親交を深めていく。貞享元年以降、芭蕉が大垣に来訪した際には、如行宅をたびたび宿としたことや、芭蕉から他の大垣俳人には内緒で面会したいとの書簡(元禄4年10月3日付書簡)を送られるなど、大垣俳人と芭蕉とをつなぐ鍵となる人物であった。

このほかにも早い時期に門人となったといわれる宮崎荊口、父の荊口に伴われ芭蕉の門人となった息子の宮崎此筋・岡田千川へも心温まる芭蕉からの書簡が確認されており、彼らにも厚い信頼と期待を寄せていたことがうかがえる。また、『奥の細道』の「大垣」の章段に「荊口父子」として登場する。

ここでは、谷木因ら大垣の俳人と芭蕉との関係について、その一端を紹介したが、そこからは極めて深い関係にあったことが確認できた。それでは、そうした関係は、どのような背景によって生まれてきたのであろうか。次は、その背景について、大垣やその周辺を含む中京圏の地理的条件に注目しながら見ていきたい。

宮崎荊口(『夜半亭六々句選』)
大垣市奥の細道むすびの地記念館蔵

貞享・元禄期における中京圏の俳諧文化と地理的条件

　先述の通り、芭蕉は『奥の細道』の旅を大垣で結んだが、初めて
大垣を訪れたのは、『野ざらし紀行』の旅の途中、貞享元（1684）
年9月下旬のことで、鳴海の下里知足主催「空樽や」百韻の評点
をした延宝8（1680）年頃から親交があった船問屋の谷木因を訪
ねるためであった。このとき、木因宅に1カ月ほど滞在し、木因
の仲立ちで大垣の俳人たちが新たな門人になった。

　大垣に芭蕉の門人が生まれたことからすれば、芭蕉の来訪が大垣
の俳人たちに与えた影響は決して小さいものではない。しかし、大
垣の俳諧文化そのものは、芭蕉の来訪によって生まれたわけではな
い。

　大垣では、芭蕉来訪以前から古俳諧（貞門・談林の俳諧）に親し
む者が多く、17世紀中期頃の俳諧選集には、玄真・河井清里・伊
藤実直ら大垣の俳人の名が確認できる。また、寛文10（1670）年
頃からは木因の名も登場するようになる。こうした状況は、この頃
すでに俳諧選集への入集者を生み出す土壌が大垣で醸成されていた
ことを示している。それを象徴するものが天和3（1683）年9月
23日に巻かれた「松を現」歌仙（98頁参照）である。

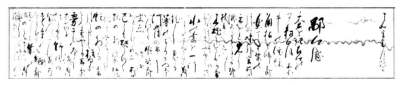

「松を現」歌仙　大垣市奥の細道むすびの地記念館蔵

```
　　　　　天和亥菊月終三
　　　　　　　　　　（きくづき）
　　ひきょうかん
　　鄙郷感
　まつ うつつ　　　　　もみあらし
　松を現古郷の夕籾嵐　　　　　　木示
　　わぶ　つのがれ　なく
　　牛の侘秋角枯を啼　　　　　　木因
　楽すねて麓の月の味外宮　　　　荊口
　　雪をれ岩に瀧みだれたる　　　梅丸
　たて　　　　こだま
　杖立てしばし木魂にむかひけり　木雪
　　がつぽう鳥の声うたふべく　　如行
　　　　　　　　　　　　くる ジュン
　水の書を一行いまだよまざるに　菊竹
　　枕に暮る蕈のすりぎぬ　　　　木示
　　カウホネ
　河骨の雪にいつはる姫姿　　　　木因
　　　　　つまごいふけ
　　妻恋吹るおもかげの石　　　　荊口
　おのれ　　　　　　　　くも
　己とて琴ひく蜘の軒つ糸　　　　梅丸
　　　　　　　　あぶ　はね
　　秋をむなしく虻の羽がき　　　木雪
　　　　くいま　　　　　　　　き
　月うすし杭間にもなしやどり草　木示
　　　　　　　　　なすび
　　霧干の庭に末茄子摘ム　　　　菊竹
　　　　　のじ　　カサウド　　みの
　虹もゆる野路の笠人こがれ蓑　　荊口
　　えんじ どじょう　　　はっけい
　　遠寺の鯲をどけ八景　　　　　木因
　花かしぐ麓の渦のみなぎりて　　菊竹
　　　しゃみ　　カリギウ
　　鼻に三味ひく薙生の下女　　　荊口
```

同歌仙は後半部分を欠くため、その全容を明らかにすることはできないが、連衆に注目してみると、木示（のちの桐葉）・木因・荊口・梅丸・木雪・如行・菊竹による七吟歌仙で、木因が木示を招いて巻いたものであったとみられる。7名のうち木雪・菊竹については未詳、木示は熱田（現名古屋市）の俳人で、大垣の下里家（廻船業）と縁戚関係にあった人物、木因・荊口・梅丸・如行は大垣の俳人である。

　注目すべきは、『野ざらし紀行』の旅以降、芭蕉と新たに交遊関係を持つ大垣の俳人荊口・梅丸・如行が、木因主催の俳席に同座していることである。大垣では、芭蕉来訪以前から木因らを中心に俳諧活動が盛んに行われており、すでに芭蕉の俳風を受容し得る下地が醸成されていたのである。

　それでは、なぜ、大垣では早くから俳諧活動が盛んに行われていたのであろうか。その背景には、大垣の地理的条件が関わっていると考えられる。

　大垣は、寛永12（1635）年に戸田氏鉄が尼崎より入城して以来、幕末まで11代、約230年にわたり、戸田家の安定した治世が続いた城下町であった。また、大垣城下には、中山道の垂井（現岐阜県垂井町）と東海道の熱田（宮）とを結ぶ美濃路が通り、宿場町としてもにぎわった。さらに、船町の川港を中心に舟運が発達し、伊勢の桑名（現三重県桑名市）や尾張の熱田などとの水上交通の拠点でもあった。大垣は、城下町・宿場町・港町という三つの町の要素に加えて、近江に隣接する濃尾平野の北西部という地理的条件もあり、人・物資・文化の東西の結節点となっていた。そのため、近世の比較的早い段階より、俳諧を含む文化が発達したのである。

　こうした地理的条件は、芭蕉と大垣との関係にとどまらず、中京圏における蕉門の成立にも影響を与えた。

正徳6（1716）年頃に刊行された俳諧選集『千鳥掛』には、鳴
海の下里知足宅で芭蕉が残した言葉として、「此所（鳴海）は名護や・(名古屋)
あつた（熱田）にちかく、桑名・大垣へもまた遠からず」とあり、鳴海が名
古屋・熱田に近く、桑名・大垣にも遠くないという、芭蕉の中京圏
における地理感覚がうかがえる。すなわち、鳴海・熱田・名古屋・
桑名・大垣は距離的に近接していると認識しているのである。この
地理感覚は、当時の一般的な認識だったようで、大坂の井原西鶴が
延宝7年3月22日に知足へ宛てた書簡にも、「私義（西鶴）も大
垣迄参候事御座候、其時分、桑名・其元（鳴海）へもたづね可申上
候」とあり、大垣を訪ねるついでに桑名・鳴海へも訪れる旨が記さ
れている。この芭蕉や西鶴の地理感覚の背景にあったのが、先にも
触れた、大垣―桑名―熱田を結ぶ舟運の経路と、大垣―名古屋―熱
田を結ぶ美濃路の陸路である。

　芭蕉は、こうした地理的条件を背景として、貞享・元禄期に大垣
をはじめとした中京圏を訪れることとなる。天和2年3月20日付
木因宛芭蕉書簡には、「来る卯月末・五月之頃は必上り候（来たる
4月末か5月頃には必ず訪ねる）」とあるが、その約束は、先述の
通り、貞享元年の『野ざらし紀行』の旅で果たされた。この旅の目
的は、江戸深川の草庵で模索してきた俳諧の可能性を実地で確かめ
ようとしたものだが、木因の招きに応じて大垣を訪れるという目的
もあった。木因と芭蕉とは、延宝8年の知足主催「空樽や」百韻
で芭蕉が評点をして以降、翌天和元年には江戸で俳席を共にし、同
2年には「鳶（とび）の評論」でお互いを認め合うなど、以前から親交を温
めていた。芭蕉は、この旅で木因の仲介により大垣の新たな門人を
得て、大垣蕉門の拡大に成功する。

　加えて、この『野ざらし紀行』の旅での画期的な成果は、木因の
仲立ちにより荷兮（かけい）・野水（やすい）・杜国（とこく）ら名古屋の俳人と芭蕉とで興行した

歌仙五巻（『冬の日』）の成立である。この連句作品の成立によりそれまでの「ことばの連想を主体とした俳諧」（ことば遊戯としての俳諧）から脱皮した新たな芭蕉の俳諧（作風）、すなわち「蕉風」が胎動したといわれ、この旅により江戸蕉門・大垣蕉門に続き、荷兮を中心とした名古屋蕉門が成立した。なお、芭蕉は名古屋に逗留後、江戸への帰途に熱田の桐葉を訪ね、親交を深めている。

　ところで、美濃における芭蕉の活動拠点は、大垣のほかに岐阜もあった。芭蕉の岐阜訪問は貞享５年の夏である。その契機は、前年の11月に岐阜本町の呉服商安川落梧と丹羽蕉笠が名古屋の荷兮宅を訪ね、芭蕉と初めて対面したことに始まる。

　このとき落梧は、「凩の寒さかさねよ稲葉山」と芭蕉へ岐阜来訪を請う発句を詠み、芭蕉や名古屋蕉門の荷兮・越人・野水らと歌仙を巻いた。このあとすぐに落梧らは芭蕉に書簡を送り、芭蕉も「来春、初夏の節、必ず御地お尋ね申すべく候」と返信した。その約束の通り、岐阜妙照寺の住職己百に案内され京都をたち、岐阜を来訪した。この滞在中に鵜飼見物した折の句が、「おもしろうてやがて悲しき鵜舟哉」であり、加えて長良川のほとりの賀島鴎歩の水楼を訪れ、「此あたり目に見ゆるものは皆涼し」の句を含む「十八楼記」を執筆する。こうして落梧を中心とした岐阜蕉門の成立をみた。このように芭蕉と岐阜の俳人をつないだのは、大垣の蕉門俳人ではなく名古屋の蕉門俳人であり、そうした事情は、荷兮編の俳諧選集『あら野』（元禄２年刊）でも、岐阜の蕉門俳人が多く入集したことに表れている。

　以上の通り、芭蕉は大垣・名古屋・岐阜において門人を獲得してきたが、それを可能とした重要な要素の一つは、中京圏における舟運や街道などの地理的条件であり、また、それに伴う人間関係だったのである。その点で、芭蕉が大垣を含む中京圏で門人を獲得し、人々と深い関係を築いたことは、単なる偶然ではなく、貞享・元禄

期の地理的条件とそれに伴う社会経済構造に方向付けられたもので
あったといえよう。

おわりに

　大垣は、芭蕉にとって早くからの門人の多い土地であり、大垣の
俳人たちが芭蕉を慕う一方、芭蕉も大垣の地を深く愛し、大垣の俳
人たちに信頼や期待を寄せていた。俳席の記録や大垣俳人に宛てた
芭蕉の書簡によれば、特に谷木因・近藤如行らを中心として、深い
交流を重ね、親密な関係を築いていたことが確認できた。

　そうした関係が成立した背景には、大垣が城下町・宿場町・港町
という三つの町の要素を備え、人・物資・文化の東西の結節点とな
り、近世の比較的早い段階より、俳諧を含む文化が発達していたこ
とが挙げられる。俳諧については、芭蕉が来訪する前からすでに木
因らを中心として盛んに行われており、芭蕉の俳風を受け入れるだ
けの下地が醸成されていた。

　こうした状況は大垣にとどまるものではなく、その周辺を含む中
京圏において展開していたものであった。そして、それを可能とし
たのは、中京圏における舟運や街道などの地理的条件であり、さら
には、それに伴う人間関係だった。芭蕉は大垣・名古屋・岐阜にお
いて門人を獲得していったが、それは、貞享・元禄期の地理的条件
と社会経済構造に方向付けられたものであり、単なる偶然ではな
かったのである。

【付記】
　本稿は、大垣市奥の細道むすびの地記念館における企画展（開館記念企画展〔平成 24 年〕・第 15 回企画展〔平成 27 年〕・第 18 回企画展〔平成 28 年〕）の成果を踏まえて執筆したものである。

音楽のしごと
― 生涯学習音楽指導員　音楽療法士について ―

青谷　美惠子

音は楽しい……それが音楽である。難しい理屈、技術など何もいらないと言ってしまうと、進歩がなくなるが、音には人の心やからだ、また人との関わりに働き掛ける不思議な力がある。それぞれの人の心に響くもの、自分にとって心地よい音、心地よい音色がある。

　人が誕生して以来、すべての人がいろいろな音に包まれて成長する。その中で、それぞれの心に響く音などが、人に対して物事への気付きとして働き掛ける。

　音楽の持つ魅力と人々の関わりで、社会に貢献できる仕事がある。それは「生涯学習音楽指導員」と「音楽療法士」だ。

　日本音楽療法士学会では「音で元気にする仕事」として、チラシなどに紹介されているが、まさにその通りである。今では音楽に関わる仕事として、多くの方々に理解されるようになり、仕事として受け入れられている。

　今回は二つの仕事について述べる。

生涯学習音楽指導員について

　1994（平成6）年「音楽振興法（略称）」が施行された。生涯学習の一環として活動し、その役割は、地域における音楽活動に、専門的な助言を行う。そして、地域音楽事業のサポートをしたり、音楽学習ではその対象として、子どもから高齢者の方まで、地域の人々に幅広く音楽活動を行ったりすることである。

　その指導の中心となる「生涯学習音楽指導員」には質の高い能力が求められ、「音楽の生活化」の先導者として、青少年の活動（例えば授業、クラブ活動など）、地域や家庭における音楽、さらには子どもたちの心豊かな成長に対しても、重要な役割を果たす。

生涯学習指導員は、Ａ級、Ｂ級、Ｃ級がある。

Ａ級　・音楽の各種団体の組織を運営する。

　　　・地域の音楽文化・教育の諸事業の企画・運営ができる。

　　　・関係者に対して指導、助言を行うことができる。

Ｂ級　・地域の学習の場で、より高度な個人及び集団の学習活動が

　　　　支援できる。

　　　・地域社会における音楽活動にも、積極的に参画し、支援で

　　　　きる。

Ｃ級　・地域学習の場で、初心者の基礎指導ができる。

　　　・音楽する楽しさを教え、学び方の指導ができる。

　生涯学習音楽指導員の養成講習会では、大学教授など一流講師陣が指導する講座を受講する。そのため、ピアノ、声楽、管弦楽、伝統音楽など全国各地よりさまざまな専門分野の方々が参加する。

　各級（Ｃ級からＡ級）の資格認定に必要な全ての講義の単位を取得し、各総合研究のレポートを提出。審査に合格し、認定料を支払うと「認定証」が授与され、音楽文化創造財団の「生涯学習音楽指導員」として登録される。

　全国生涯学習音楽指導員協議会には、全国各地で地方自治体、音楽団体と共に、音楽文化創造とも連携し、音楽活動を通して地域の活性化に貢献している。（全国に各支部がある）

　活動については、地域に根差した音楽活動で、次のように指導活動を行う。

・学校教育の支援

　音楽学習、プログラムの編成や授業、部活動の特別非常勤とし

ての活動
・市民との多様な支援
　　児童、青少年、成人、高齢者、障がい者などを対象とした多様
　　な市民音楽への参加指導。
・市民団体の支援
　　各種の市民、企業等の音楽団体の相談指導、トレーナー役とし
　　ての参加、応援。
・地域の組織への支援
　　地域の民間および、行政機関の音楽文化教育活動を対象とした
　　多様な市民との活動に参加する。

　ここで、もう一度「音楽文化振興法」についてだが、1993（平成5）
年に「音楽文化の振興のための学習環境の整備等に関する法律」（略
称「音楽文化振興法」）が制定された。（施行は平成6年）
　「音楽文化振興法」は、故嶋崎譲理事長が、当時衆議院の文化常
任委員長として活躍されていた。私も講習会受講の折、毎回のよう
に、理事長が、議員立法のために、非常に努力しているとお話をさ
れていた。そして長年の願いがかない、議員立法として、全国会議
員の賛同を得て提案され、国民の総意を代表として実現されたと
伺っている。
　「音楽文化振興法」は、国民に音楽についての関心と理解を深め、
積極的に音楽学習を行う意欲を高めるとともに、ユネスコ憲章の精
神にのっとり、音楽を通した国際相互理解促進に資する活動が行わ
れるように、10月1日が「国際音楽の日」と定められた。全国各
地で「音楽の日」の活動が広く開催されている。
　音楽活動を通して、地域の活動に貢献したいと指導員は頑張って
いる。音楽学習では、和楽邦楽のお琴、三味線などもある。仕事と

しては、ほとんどがボランティアのようだ。これに関しては、自治体、行政の理解協力が必要である。多くの人々の応援を期待している。

音楽療法士について

音楽療法とは、音楽のもつ生理的、心理的、社会的働きを用いて、心身の障害の克服、機能の維持改善、生活の質の向上、行動の変容などに向けて、音楽を意図的、計画的に使用すること（日本音楽療法学会の定義）である。

その目的には、①子どもの発達支援　②健康維持、介護予防　③病気や事故後のリハビリテーション　④学習支援　⑤リラクゼーション　⑥認知症の症状の緩和　⑦痛みの緩和　⑧こころのケアなどが挙げられる。

対象としては、「児童領域、成人領域」がある。認知症、脳血管障害、脳神経障害、障害児、自閉症、重複障害、肢体不自由児、統合失調症、うつ病、神経症、心身症、摂食障害などがあり、多くの場面で用いられている。特にアルツハイマー病は、究極の「脳の老化」と言われているが、音楽によって「楽しみ」ながらいかに防ぐか、どのようにして「生きる」力を与えられるかが、音楽療法の目標になるかもしれない。

音楽療法の形態として

1. 鑑賞では、曲の生演奏や録音（CD）などで聴く。そして活動的な状態やリラックスした状態になれるようにする。
   記憶、回想をよみがえらせたり、イメージ、幻想を起こしたりして、意識を変化させる。
2. 演奏する。知っている曲、歌を歌い音楽指導する。即興で歌ったり、演奏したりすることにより感覚運動や、歌うことにより

言語機能を促進させる。

歌うことにより言語機能が良くなり、コミュニケーション力も発達する。また、感情表現により情緒の安定などを目指す。

3．からだを動かす。曲やリズムに合わせて、体を動かす。これにより感覚運動を改善し、機能を高める。また他の人との触れ合いにより集団スキルを高めることが目標になる。

4．創作をする。それぞれが自身の作詞、作曲で、身体運動で表現する。その意図が達成されるように、音楽療法は技術面から促進を助けている。

音楽の治療的特質

1．音楽は通文化的な表現形態である。

2．音楽はその非言語的特質により、コミュニケーションの手段として、自在に用いられる。

3．音楽は人の個々の知力や状態に関わりなく、音刺激として、直接人の心身に働き掛ける。したがって音楽は諸感覚を刺激として、気分や感情を喚起し、生理的、精神的反応を引き起こし、心と体に活気を与える。

4．音楽固有の構造と特質は、自己統合や、集団組織化のための可能性を有する。

5．音楽は音楽的行動と、非音楽的行動の両面に影響を及ぼす。

6．音楽は学習や諸機能の獲得を促進する。

7．音楽は機能的、順応的、美的に卓越した形態であり、あらゆる臨床場面に適応できる。（『音楽療法』高橋多喜子著、金芳堂）

2017年7月に茨城県つくば市で、「第15回世界音楽療法大会」が開催された。世界各国から音楽療法に関わる人々が集まり、さま

ざまな取り組みや研究の発表がなされた。

音楽療法の分野、方法、研究など素晴らしく進化している。また医療との結び付きが強くなり、はっきりしてきた。音楽というより医療の分野を強く感じた。大会の要旨の中から少し抜粋して紹介する。

○ Midori　Itou

日本に伝わるピアノ演奏法的活用として「ねこふんじゃった」の曲で両手演奏の実態について調査し、アンケート調査結果を考察した。

○ Ryoko　Tootomi

胃ろうから経口摂取への意欲を取り戻し、個別的歌唱療法を通して、発語面だけでなく、食事面にも大きな改善がみられ、経管栄養であった対象者が、完全経口摂取に意欲を取り戻した。

○ Eiichiro　Makino

日本の伝統的な音楽文化は、日本の高齢者に対する効果的な音楽療法技法を提供。

○ Joy　Faith　Gravestock

素晴らしい音がずっとあなたのそばにありますように！　音楽療法、魂、スピリチュアリティ。

○ Kaoru　Inoue

デイサービスセンターの集団機能訓練で、個別にも効果的にするための取り組み。

リトミックと日本の歌を応用した機能訓練。「下肢筋肉トレーニング」「関節可動域訓練」「胸部柔軟運動」「嚥下体操」の動きを盛り込んだリトミック課題を実施。

○ Shigeki　Yoshita

認知症ケアの未来を開く音楽の可能性。アルツハイマー型で、薬物療法でアリセプト錠を服用するケースでは、副作用から体の傾

きや、意欲低下等が見られ、日中のほとんどを何もせずに過ごしている。MC 開始後、楽器を持って身体を動かし、大きな声で歌うようになり、生活面でも歩行意欲が見られ、見守りトイレに一人で行けるまでに回復した。活動の継続性、視覚と聴覚の両面からの刺激で達成感を得て、主体的な行動が引き出された。

以上、世界大会の資料より身近な例を取り上げ抜粋した。

音楽療法の歴史は、三重大学の佐藤正之教授によると、「紀元前11 世紀のユダヤの王サウルのうつ状態を、ダビデがハープ演奏により和らげた」という、旧約聖書の記載に行き着く。「日本では天岩戸に閉じこもった天照大神の怒りを歌舞により鎮めたのだという『古事記』の記載を音楽療法の最初とみなすことが出来ます」と書かれている。(『音楽療法はどれだけ有効か』38 頁　化学同人発行)

西洋においては、ギリシャ神話のアポロンは、弓と音楽と医術の神で、「音楽」と「医術」を一つの神が合わせていると言われている。またオルフェウスも竪琴で癒やしのために働いていたそうだ。「音楽」と「医術」のつながりを古代ギリシアの人々が感じていたともいわれている。この時代では「癒やし」の楽器は竪琴などの弦楽器を用いていたことにより「こころ」と「からだ」の調和をもたらしたようである。

また、J・S・BACH はザクセン侯カイザーリンクのために、チェンバロ曲を作曲し、不眠症のための作品として、コップ 1 杯の金貨を報酬として作曲された。BACH の弟子で、ケーニヒスベルク出身のクラヴィーア奏者、ヨハン・ゴットリーブ・ゴルトベルク(1727－56)が演奏した、「ゴルトベルク変奏曲(BWV 988)」の名を残すことになった話は有名である。

20世紀に入ってからは、第2次世界大戦後、アメリカの退役軍人病院で「戦争神経症」いわゆるストレス障害に対して音楽が用いられ、1950年ごろからアメリカにおいて医学教育分野へと広がっていったようだ。それ以後、日本にも関心が湧き、音楽療法が対象になった。

岐阜県では、1997（平成9）年6月15日にぎふ音楽療法研究会が発足している。

それ以前1994（平成6）年7月に第1回研究会が県立特別養護老人ホーム寿楽苑の多目的ホールで開催された。「音楽療法原論」と題して桜林仁教授（当時東京芸大名誉教授）の講演会に参加し、私は強い感銘を受け、それ以来音楽療法と向き合うことになった。

桜林教授の著書『心をひらく音楽』では、「人間愛を基礎として、音療の基礎的精神は、人間性の尊重である。いうなれば『音楽ヒューマニズム』の精神に基づく音楽教育である」と述べられている。

生涯学習音楽指導員と音楽療法士について述べてきたが、いずれも人の心に深く関わるものである。誰にも心の中に懐かしい歌、音、響きが残っているものである。悲しい時、つらい時、うれしい時、どんな時にも力になってくれる不思議な力がある。

私は小学校3年生の時、初めて楽譜が読めるようになった。今では幼児（4歳ぐらいから）でも読めるものだが、物覚えの悪い私は、いつも恥ずかしい思いをしていた。初めて読めた時の感動は今でも忘れない。「トトハ　ロイニ　ハハイ　ト・・　ヘヘホ　ニイト　ヘヘホ　ニ・・～」当時は戦時中で、ドレミは使えなかったので、ハニホヘトイロの音名で読んだ。それ以来音楽が好きになった。

誰にも心の中に懐かしい歌があり、それが心を支える源になっているのかもしれない。中学生のころ、学校をサボって「美空ひばり

ショー」を見に行った。同年代のアイドルだったが、「東京キッド」
などワクワクして聴いたものである。

　生涯学習音楽指導員も音楽療法士もどちらも社会に貢献できる仕
事である。音楽は心を開き、人生に寄り添ってくれる。メロディー
とかリズムがあれば、ジャンルを問わず日本古来の音曲、地方に伝
わる民謡、太鼓の音でも良いのだ。

　現在の音楽療法についてまとめたが、医療とのつながりが大切で
あることを認識するべきだろう。課題も多くあるが、音楽療法が科
学に基づき効果が明確な療法として確立されれば、国家資格にも近
付いてくる。

　心に残る音や歌を見つけ、それを糸口にして音楽療法の見取り図
を作成し、既存の医療と連携を深めながら新たな医学の一分野とし
て発展することを期待している。

【参考文献】
『音楽療法はどれだけ有効か』佐藤正之著　化学同人
『音楽療法』高橋多喜子著　金芳堂
音文創広報用チラシ
音楽療法学会広報用チラシ
「第15回世界音楽療法大会」大会要旨集

あるグライダー乗りの青春

仁科　豊

グライダーとの出会い

「人間が大空を鳥のように飛翔できないものか」と約500年前、レオナルド・ダビンチは飛行機械を設計したが、実際には飛ばなかった。行き着いたのが風によって空を駆ける滑空機、グライダーの発想だった、と伝えられています。それから400年以上のちの、1891（明治24）年にドイツのオットー・リリエンタールが自作のグライダーに乗り、35メートル滑空したそうです。

　グライダーとは一口で言えばエンジンのない飛行機です。しかしエンジン付きの飛行機と同様の飛行が可能です。手で飛ばす紙飛行機も一種のグライダーです。日本語では滑空機、ドイツ語では「ゼーゲルフルックツォイク」といいます。直訳すれば「ゼーゲル」は帆、「フルック」は飛ぶ、「ツォイク」は道具を意味します。要するに「帆で飛ぶ道具」です。ちなみにヨットはドイツ語で「ゼーゲルボート」といいます。飛行の仕方で鳥に例えることができます。カモメやアホウドリ（アルバトロス）はグライダー、ツバメやタカは戦闘機、スズメは軽飛行機、ハクチョウやカモは飛行艇、ハチドリはヘリコプターです。

　グライダーを見たことがありますか。この近辺では日曜日に各務原の航空自衛隊飛行場で、また、木曽川河口の千本松原付近には関西、中部の大学航空部が飛行訓練をしている木曽川滑空場があり、いずれも運が良ければ見ることができます。

早稲田大学航空部に入部

　さて、今から約半世紀前の話になります。大学時代、私は早稲田大学体育局のグライダークラブ、航空部に所属していました。野球部やラグビー部、サッカー部などは有名で当時も花形スポーツでし

た。それに比べれば山岳部、ヨット部、航空部は体育局の中でも、金がかかる上に、事故が多く、危険でパッとしないスポーツクラブ、いっそつぶしてしまってはと言われていました。

4月の入学式の日に大隈講堂前に白い実機のグライダーが展示してあり、新入部員を勧誘していました。

当時の私

その時の勧誘文句が「自転車に乗れれば誰でも飛べますヨ」。中学・高校時代、プラモデル作りや模型飛行機が好きでよく飛ばしていたので、今度は自分でも鳥のように自由に大空を飛ぶことができたらどんなに気持ち良く素晴らしいことだろうと思いました。しかし、一般に飛行機は、事故を起こせば他の乗り物と違って負傷などでは済まない、まず死ぬことは間違いないと思われていましたから、親には内緒で入部してしまいました。

グライダーの構造

航空部入部後、体力づくりと称してしごかれ、座学として、グライダーの取り扱い、簡単な航空力学と工学、流体力学、気象、航空法をたたき込まれました。グライダーは胴体と翼からできています。

滑空するグライダー 早稲田式 SH-16

胴体は主翼、尾翼、車輪などを連結し、乗員を搭載する部分です。主翼はグライダーを空中に支持する力、すなわち揚力を生ずる重要な部分です。右翼、左翼からなり、組み立てを便利にするために胴体のところから取

り外すことができるようになっています。尾翼は水平安定板と昇降舵（エレベーター）、垂直安定板と方向舵（ラダー）からなっています。水平安定板は縦の釣り合いと安定を得るための固定翼、昇降舵は縦の釣り合いを変える舵面であって、二つを合わせて水平尾翼といいます。垂直安定板は方向の釣り合いと安定を得る固定翼、方向舵は方向の釣り合いを変える舵面であり、二つを合わせて垂直尾翼といいます。

　操縦装置は座席の操縦かん、踏棒（ペダル）などを操作して各舵面に至るまでの連動装置をいいます。補助翼（エルロン）装置は操縦かんを左右に動かして操作し、操縦かんを左に倒すと左翼の補助翼が上がり、右翼の補助翼が下がります。昇降舵操縦装置は操縦かんを前後に動かして操作します。前に倒すと昇降舵が下がり、操縦かんを手元に引くと昇降舵が上がります。方向舵操縦装置はペダルを足で操作します。右足を踏めば方向舵は右に回り、左足を踏めば左に回ります。旋回の要領は「手足一致だ」と上級生から厳しく言われ、操縦かんを右に倒せば右足を踏み込み、左に倒せば左足を踏み込む練習をよくしました。バスや地下鉄の中で目を閉じて、体にくる揺れを感じながら、こうもり傘を操縦かんの代わりにして練習したりしました。基本的には今飛んでいる自衛隊のF−15戦闘機、大きなボーイング787旅客機も同じ操作です。補助操縦装置としては、曳航索離脱器（レリーズ）、昇降舵調整器（トリムタブ）、ダイブブレーキ、スポイラーなどの付属装置があります。車輪は離着陸滑走用であり、胴体下面に装着されています。

　大きさ、寸法については、翼幅は主翼の翼端から翼端までの長さ、全長は胴体の先端から、方向舵の後縁、または胴体の後端までの長さ。全高は地面からの方向舵の上端まで、または一番高い箇所までの高さです。重さは、グライダー自体の

重量と積載量（乗員や装備品）とを合計した総重量です。翼面荷重とは、グライダーの総重量と主翼面積との比をいい、飛行中の主翼1平方メートル当たりが支えている重量をいいます。

　この翼面荷重が少ないほどグライダーにとっては都合が良いのです。グライダーはなぜ飛ぶことができるのか。簡単にいえばグライダーは上昇気流の中を滑空するからです。トビ、アホウドリなどは空中で羽ばたかず旋回しながらどんどん上昇して見えなくなります。鳥の持つ本能で上昇気流を見つけて、何時間でも滞空して空から獲物を見つけるのです。なぜ羽ばたかなくても空中に浮かび上昇できるかですが、アホウドリが滑空して沈下する速度よりも、上昇気流の速度の方が速ければ、その差だけの分、上昇することができるのです。例えば1秒間に50センチメートル沈下滑空する鳥に対して、1秒間に100センチメートルの速さで上昇する気流の中にあれば、その差50センチメートル気流に押し上げられ、滑空することができるのです。

　こうして、アホウドリなどは一度飛び立てば2〜3日間も滞空しているそうです。悲しいかな人間には上昇気流を感じる能力はありません。そこでグライダーを操縦して目に見えない上昇気流を求めて、高く、速く、長く、何時間も空中に滞空できる力を競うのがグライダースポーツの醍醐味なのです。次にグライダーの飛ばし方について話します。

グライダーはどのようにして空を飛ぶか

　アホウドリはヨチヨチと断崖絶壁まで行き、そこからダイビングして空中に浮き始めます。グライダーはエンジンがありませんので、自力では飛び上がることはできませんし、断崖絶壁から落とすわけにはいきません。そこでグライダーを飛ばす方法として、ウインチ

曳航、自動車曳航、飛行機曳航などの方法が生まれました。ウインチ曳航とは滑走路に置かれた太さ5ミリ、長さ1000メートルの鋼

ウインチ曳航されるSH-16

索を大型トラックのエンジンで高速にドラムに巻き取り、ちょうど凧を揚げるようにグライダーを引っ張るのです。そうするとグライダーは上昇し、高度300～400メートル位の高度まで上がり、上空で鋼索を切り離して飛行し始めます。自動車曳航とはウインチの代わりに大型自動車で飛行場の滑走路を走り、グライダーを引っ張り上げるのです。最近、ローカル空港でも定期便の発着が多くなり、使用できる空港がほとんどなくなっているそうです。飛行機曳航とは字のごとく、軽飛行機に引っ張ってもらい、希望する場所、高度まで上げてもらう方法です。グライダーの離陸方法としては一番理想的で最高の技術とされていますが、費用が高く学生には何度も経験ができないため、今でもウインチ曳航が主流になっています。

　グライダーが滑空し始めたら、次にはどんな上昇気流を、いかに見つけるかです。上昇気流には、熱上昇風（テルミック）と斜面上昇風があります。熱上昇風は寒い冬の朝、朝日が上昇すると、町の建物、屋根、森など特に黒い部分が熱せられ、暖かくなった空気は軽くなって上昇し始めます。周りの冷たい空気がその下に流れ込み、暖かい空気を押し上げます。そうすると空気の対流が起こり上昇気流ができます。そのため、学生のグライダー選手権大会は冬季に行われることが多いのです。

　次に斜面上昇風です。秋になると伊吹おろしが金華山に当たり、山頂に向かって空気が山肌を上昇します。これが斜面上昇風です。

ちょうど金華山の山頂、ロープウエーの終着駅の西側にトビに似た鳥が何十羽かの群れをなして飛んでいるのを見ることができます。この鳥はサシバというタカ科に分類される鳥です。里山で人間の近くに暮らす猛禽類で、体長50センチ、翼を広げると110センチくらいになります。繁殖を終えたサシバの親鳥と巣立った若鳥たちは9月下旬から10月上旬にかけて南国の越冬地、東南アジアに向けて旅立って行くそうです。このとき少しでもエネルギーを節約、温存するために、斜面上昇風を利用して、羽ばたかず、高度を取り、南国を目指して南下して行くのです。そして次々と同じような地形を見つけ斜面上昇風を利用して上昇、これを繰り返しながらはるか東南アジアまで飛行するのです。まさにサシバはグライダー乗りにとっては先生のような存在です。

初めてグライダーに乗る

　私が初めてグライダーに搭乗したのは新入部員の霧ケ峰プライマリー合宿でした。長野県の諏訪湖、その北東20キロメートル一帯を占める標高1200～1700メートルの溶岩台地が霧ケ峰です。ここは春、夏、秋のキャンプ場、グライダーの練習場、冬のスキー場として年間を通じてにぎわっており、特にグライダー練習のメッカとなっています。

　プライマリー機とは、はしごに障子を針金でくくり付けたような翼で、座るところは体を柱にバンドで縛り付けます。むき出しの胴体で、しかも最初から単独飛行です。プライマリー飛行を当時パチンコとも呼んでいましたが、まったくその通りで、グライダーの両側にあるゴム索を、数人の人力で引っ張り、ゴムの伸び切ったところでグライダーを放すのです。悲壮な思いで「準備よし！」と大声で叫ぶと、「用意！　引け！」「1、2、1、2……」。何歩引かれてい

たのでしょう、ゴム索の伸びが恐ろしいほどでした。「放せ！」ガクンとしてグライダーは動き出し、少し尻が持ち上げられるやいなや、「ガタン」と停止。何が何だか分からないうちに終わってしまいました。一日中走り回って、2回の搭乗で飛行時間は数秒でした。サシバに笑われてしまいます。私たちのプライマリー体験はその後、日本ではどこでも行われなくなり、私たちの代が最後となりました。

　通常の飛行合宿訓練は主に埼玉県熊谷市妻沼の利根川河川敷にある、学生航空連盟の妻沼滑空場で行いました。グライダーにはエンジンがないので地上では全て人力で動かします。発着するグライダーの運搬で一日中河川敷を走り回り、搭乗はせいぜい2～3回。10分間程度の飛行時間でした。雨が降れば訓練所内で「体力づくり」と称して、しごきに似た柔軟体操ばかり。天気が良くなるとすぐにシャベルやバケツを持って滑走路へと走り、少しでも早く使用できるよう、水たまりの除去や土運びです。その姿は、グライダー乗り（飛行機乗り）のイメージにはほど遠いみすぼらしさでした。

　ここでグライダー操縦訓練の様子を少し述べます。二人乗り、複座の練習機で、前席に練習生、後席に教官が搭乗します。操縦かんは前席、後席と連結しています。ウインチで300～400メートル、ちょうど金華山くらいの高度まで上げてもらい操縦訓練が始まります。まずは基本的な飛行の直線滑空や旋回などを習います。

　「頭が上がる！　下げるんだ、静かに！　失速するぞ！　こら！　バカヤロー！　何やってんだ！　自分の頭のことじゃない！」そう言われて、先輩教官に後席から何度頭をたたかれたことでしょう。「頭が上がる」とは機首のことです。「お前は操縦しているんだ。いつまでお客様気分でいる！　遊覧飛行と間違えるナ！　荒い！　操縦かんは生卵を握る感じで握れ！　硬い！　肩の力を抜け！　ゆったりとして、前方を見ろ！　そして左右も見るんだ。何が見えるかよく覚えてお

け！ 舵の利きを覚えるんだ。静かに操縦かんを左に倒せ！ そら傾いてきた。止めてそっと元へ直せ。今度は右に倒せ、傾きを手で起こす気持ちだ。そら直ったろう。直ったら中立に戻せ。今度は操縦かんを静かに引け、頭が上がるゾ、計器を見ろ！ 速度計だ！ 速度が落ちているだろう！ 分かるか！ これ以上引けば失速するゾ、バカヤロー！ いつまで引っ張っている！ 失速するゾ！ お前と心中なんかしたくない！ 操縦かんから手を離せ！ 早く離せ！ 早く！……」

　グライダーは空中で失速速力以下に気速を落とすと、たちまち舵が利かなくなり、機首を下げて落下となるのです。ついで左右どちらかのきりもみ状態に入ってしまい、飛行ではなくなり墜落、落下の状態となるのです。墜落と不時着の違いとは、不時着は接地の瞬間まで搭乗員が機体を確実に操縦しているのです。また上級生からは「ツナギ（飛行服）をなぜ着るのか知っているか」にやにや笑いながら「実はな、墜落したとき、手足、体がバラバラに飛び散らないようにツナギを着るんだ」。本当のような、うそのような話。このように教官と同乗飛行をして教えられました。そして私は忘れもしない、23回目の搭乗で念願のソロ（単独飛行）をすることができました。もううれしくてピスト横の上空で360度旋回をした後、私は「やったぜ！ バカヤロー！」と叫びました。

　ここで「早稲田大学航空部八訓」を紹介します。これはその後の私の人生を支えてくれた教訓にもなっています。

　　一、航空部は空を愛する者の集まりである。
　　一、航空部員たることに誇りを持て。
　　一、航空部は一人では出来ない、相互の協力と奉仕によってこ

そ可能である。

一、練習は危険ではない、然し緊張せよ。

一、沈着大胆であると同時に細心に、そして機敏に行動せよ。

一、スランプは皆経験するものである、人の上達を見てもあせ
　　るな。

一、乗ることだけが練習ではない、平常の心掛けこそ大切であ
　　る。

一、機体、機材、器具の点検は命にかかわる事だ、すべて自分
　　の身になっていたわってやれ。

グライダー三昧の日々

　その後、グライダー購入のために部の仲間たちとのバイトに追わ
れる一方、グライダー製作の手伝いに明け暮れる学生生活を送りま
した。当時、私は、滞空時間や獲得高度などを競う「空の早慶戦」
に出場するのが夢でした。とりあえず、その第一歩として、２年生
の時、同期生全員、自家用操縦士滑空機上級の免許を運輸省航空局
から取得しました。

　私が航空部に入部した昭和43（1968）年から50年ごろまでは、
航空部のまさに低空飛行の時代でしたが、それ以前の航空部の背景
をここで簡単に述べておきます。昭和20（1945）年の８月、敗
戦時に７機あった大学航空研究会のグライダーは全て破壊されて、
ＧＨＱの命令で航空機飛行停止のやむなきに至ったそうです。戦争
中に入部、学徒出陣からやっとのことで大学に復学した部員にとっ
ては、暗黒の時代でした。その後、７年間の空白を経て、昭和27
年５月にわが国の「航空再開」の朗報があり、航空研究会が再び
発足し、11月に大学体育会航空部に正式に昇格。息を吹き返した
航空部の先輩たちの努力により、機体、機材が調うや、「人命尊重」

を旗印として、「航空部における失敗は人生の破滅である」を部訓にさっそく猛訓練を開始したそうです。

そのかいあって、昭和29年の9月、戦後初のグライダー大会である第1回全日本滑空機大会が開かれ、大学の大先輩、山中勝也氏が社会人参加者を抑えて「ソアラー部門」で優勝され、その年の12月には学生による初の飛行機曳航を行いました。山中氏はその後、私が入部する直前の監督を務め、OBとして顔を出されたときなどは、「オッチャン、オッチャン」と私たちは呼んでいました。昭和35年から42年にかけての8年間はわが大学航空部の全盛時代であり、昭和35年の第10回学生航空連盟の大会では、全種目征覇し、各種グライダー機体の拡充に努めて上級複座機（ソアラー）1機、中級複座機（セコンダリー）2機、新ウインチ、最新の無線機など、昭和36年ごろの装備は学生航空界随一となっていました。まさに栄光の時代が昭和42年ごろまで続きました。

第10回全日本学生グライダー選手権大会に出場した早稲田大学航空部

グライダーの製作

ところが、昭和43年、私たちが入部する少し前に伊豆の大島記録合宿で自動車曳航車輌の整備不良が原因で発火し、大島飛行場の芝生約5000平方メートルを焼く火事を起こしてしまいました。このことが主な原因となって、部長、監督の総交代、半年間の休部を大学体育局から命じられるなど、かつてない危機を迎えました。

私たち新入部員 28 名は、それについて何も知らされず、5月のゴールデンウイークの霧ケ峰新人合宿でまずプライマリー合宿を経験して、次にソアラーに乗ることができる夏の大島合宿を楽しみにしていました。その間、基礎体力をつくれとまた柔軟体操やマラソンばかりで、まるで昔の少年飛行兵並みにしごかれました。しかし、前述の理由で大島飛行合宿は中止となり、やっと秋の早稲田祭合宿でソアラーに初めて搭乗しました。

　2年生になると、グライダー製作の手伝いもするようになりました。これはそのころの一文です。

SH-16 製作風景（右が私）

『アイボリーホワイトの早稲田式 SH－16』

　安易に過ごした部生活の1年間、「いつでも合宿になれば、すぐ飛べる」と思っていた。しかし、この体験をしてからは「飛ぶ」ということが、どんなに大変なものであるかということを身に染みて感じた。2年生の春、他大学や学生航空連盟から機体を借用して合宿を行っている部を思うと「今、製作中の『SH-16』を今年の夏までにはどうしても完成させなくては」と気ばかり焦るが、いまひとつ行動が伴わなかった。

　上級生に「追浜に行け」と言われ、あまり興味もなかったが、暇なときには追浜に出かけて行った。初めの頃、仕事らしい仕事はほとんどさせてもらえなかった。昼食のコロッケ買いや製作現場の掃除、先輩の使い走りぐらいであった。「毎日、片道2時間も電車に揺られて追浜まで何のためにオレは行っているのだろうか。ああー

面白くないなアー……」などとよく思ったものだ。

　そんなある日、全学連革マル派によって突然大学がバリケード封鎖され、無期限ストに突入し、授業がなくなった。喜んでいいのやら、悲しんでいいのやら考える暇もなく追浜に通うことになった。毎日、朝6時に起床、朝食も食べずに四畳半の下宿を飛び出る。国電の山手線のラッシュにもまれ、品川で京浜急行に乗り換え、追浜に着くころはフラフラ。日曜日などは京浜急行も海水浴客で満員、足を踏まれたりすると空腹も重なって、いいかげん頭にくる。そんな毎日が続いた。

　7月上旬はペーパーかけとパテ塗り、毎日同じことを繰り返しているので全然仕事の工程が進んでいないように思われ、「期限までに完成するだろうか」と不安になった。パテの粉が仕事部屋に充満して頭の先から足の先まで真っ白、まるで幽霊のようである。この中でたばこでも吸ったら一巻の終わりであった。それから羽布張り。毎日、製作上の厳しい諸注意を経営者の斉藤さんから何度も受ける。ミスをして半日くらい叱られていたこともしばしばあった。

　初めは叱られる訳が分からず、悔しくて悔しくて涙さえ出てきた。「グライダーと言えども航空機だ。製作上のミスをすれば君たちが死ぬんだゾ！」「いいかげんな気持ちなら来るナ‼」。昼食のとき誰だったか忘れたが、飛んでいるハエを叩き落とした。「ハエの方がお前たちよりもよっぽどうまい飛行をする。空中を飛ぶ物は『蚊』でも殺すナ。『仲間』ではないか……」。斉藤さんのグライダーに対する熱意、情熱がこれらの言葉ににじみ出ている。叱られてふてくされていた自分が恥ずかしく思われた。

　7月中旬になると羽布に透明ドープを塗るようになった。ドープとドープシンナーを2対1に混合して塗るのである。シンナーによる酔い、真夏の暑さによる熱気とラジオから流れてくる歌のリズ

ムで恍惚の境地に陥る。一度塗り始めたらやめられない。

 そんなころ、昭和44（1969）年の夏、7月20日、アメリカのアポロ11号が月面に人類初の第一歩をしるしたニュースをテレビで見た。一緒に作業していた先輩、仲間たちも喜び、感激した。

 7月下旬よりアイボリーホワイトのドープを塗る作業に入る。「お前は塗装が上手だ」と言われて、このころより一人で塗り始めた。毎日バケツに大量のドープとドープシンナーを入れて混合し、はけで翼、胴体その他あらゆる箇所を塗装するのである。一度塗るだけならいざ知らず、5～6回も重ねて塗る。多いところは、13回ほど重ね塗りをしなければならない。1週間続けると変にならないのが不思議なくらいだ。新宿のフーテン族によるシンナー遊びなんか問題にならない。毎日ボーッとしたおかしな気分。斉藤さんが言うには、「こういう単純労働は頭の弱い奴ほど上手だナ」と。追浜に通う姿もひどいものだった。ドープの付いたTシャツ、ゴム草履、破れたジーパン、髪、ひげは伸び放題……。後から思えばよく平気で電車に乗っていたものだとぞっとする。

 アイボリー塗りが終わると機体は完成。翌日からJAナンバーの記入である。JA 2109の文字、型や配置は自分に全てを任せてもらえたので、上機嫌で早速下宿に帰って、航空法とにらめっこで明け方までデザインをした。グライダーは造形美という点にも重点を置いているのでなかなか骨の折れる作業だった。翌日、斉藤さんのOKがとれたので、早速実際の翼、尾翼に型を取った。出来上がりは自分で言うのも変だが素晴らしい出来で満足した。翌

完成したSH-16

朝、二日酔いのようだったが追浜に行った。先輩から「その病気はシンナーによる禁断症状で、またシンナーのにおいをかげばすぐ治る。お前もシンナー中毒にかかったほどだから一人前になったナァ」と言われ、一時はどうなるかと思った。シンナーの恐ろしさを身をもって味わった。

　7月も終わる頃、大体の塗装が終わった。約1カ月間を振り返ってみると自分でもよく飽きずに追浜まで通ったものだと思った。グライダー製作に関するあらゆる体験をして、非常に勉強になり、機体にも一層の愛着を覚えた。特にJA2109ナンバーには。

　8月上旬の試験飛行の日、大利根飛行場で私たちが製作を手伝った「早稲田式SH-16」が真夏の太陽に照らされて飛び立った。空の青に染まらず大空を飛翔するアイボリーホワイトが一層印象的で感慨無量であった。

低空飛行の航空部、不時着事故も

　さて話は戻りますが、私が大学2年生当時、航空部はOB会主導の下、学生航空界で初めてモーターグライダー（エンジン付グライダー、西ドイツ製、

モーターグライダー RF-5（尾翼には早稲田のW）

スポルタビアRF-5、当時400万～500万円）を昭和45年に導入しました。ウインチ曳航の必要がなく、自力で好きな高度に上昇させ、エンジンを切って滑空に移ることができるグライダーで、訓練の効率化と安全性の向上を狙ったものでした。しかし「萩原H-23B」と「SH-16」を相次ぎ事故で大破させ、まともに飛べ

る機体は、そのモーターグライダーしかない事態が生じました。他大学からのグライダーの借用もままならず、部員は新機体やモーターグライダー購入金確保のため皆でアルバイトに明け暮れ、他に手を回すだけの精神的な余裕が全然ありませんでした。伝統ある空の早慶戦は、昭和42年に空中接触事故を起こした後、中断のまま。まさに、この時代は低空飛行、低迷の8年間と言われ、不運な事故や事件が続発しました。

　先輩、同期、後輩たちもこんな状況に嫌気が差し、同時に多数退部していきました。この時期、私たちに上級生は一人もいなくなり、3年生の同期が主将を務めることになりました。

　残念ながら同期たちの足をさらに引っ張ったのが、私が4年生の夏に起こした不時着事故でした。そのあらましが『航跡』という部誌にあります。自分としては恥になる出来事ですがそれについて少し記します。

　昭和46年の夏、現役では4年生で最後の合宿でした。群馬県太田市の太田飛行場において部所有のSH−16、私たちが製作を手伝ったJA2109号機が高度70メートルで索切れ（ウインチで引っ張り上げる5ミリの銅索が上昇途中で突然切れること）を起こし、飛行場外へ不時着しようとして失敗し、全損、大破の事故になりました。その時、私は真っすぐ行こうか、回ろうか一瞬迷いました。直進すれば滑走路をオーバーして民家へ。しかし360度旋回して手前に戻るには低すぎ、中途半端に90度旋回してしまい、隣のゴルフ場に突入。境に生えていた人の背丈ほどあるススキの「ブッシュ」に翼端を引っ掛け、そこを支点に横転し、車輪を着けずに背面胴体着陸。機体はバラバラ。最初に事故現場に駆け寄った部員は思わず機体に向かって手を合わせたそうです。

　その日の夜、病院で気が付いたとき、枕元には母と祖母が立って

いて、母は泣いていました。切り傷ばかりで見た目にはひどく見えましたが、軽傷で済みました。SH−16はオール木製で翼が布張りのため、バラバラに壊れる時、衝突の衝撃を和らげてくれたのでは……。製作を手伝った私に対する愛着があったので機体が助けてくれたのでは……。今考えても本当に運が良かったと思いますが、苦労して作ったSH−16も短い生涯を終えました。人間とは勝手なもので、その日までグライダー事故などは、自分はもちろん、自分のすぐそばで起こるものではなくて、どこか遠い遠いところの話のようにひそかに考えていただけに、ひとごとではないということを思い知らされました。

　飛行機と事故、この悪い因縁は、空気より重い飛行機が空中を飛ぶ限りなくなりません。航空機事故の原因の85％は操縦者のミスによるものだと言われています。一般に人は飛行機の高度が高ければ高いほど怖いと考えがちですが、それは間違いで、高度が低いほど恐ろしいのです。高度さえ保持していれば高度の6倍以上の距離（グライダーなら私が乗っていた当時の機種でも最低20倍）を安全に飛行することができます。その飛行している間に適当な不時着場を見つける余裕があります。高度がないとその余裕もなく不時着場の選定判断と冷静さを立て直す時間がありません。特に離陸直後の索切れは高度に余裕がない上に大気との相対的な速度が不安定化するという悪条件が重なります。

　昔も今も、この事故処置法となるのは一つしかありません。それは高度がなければ絶対に旋回操作をしてはならないということです。直ちに操縦かんをいっぱいに前に突っ込んで、機首を下げ、直進し、気速を絶対に失わない、失速しないことです。そしてできるだけ平らな地面に上がり込むことだったのです。これは防ごうと思えば防げる人災だそうです。技量未熟、不注意、判断の誤り、処置

の不的確など、ほかにもいろいろありますが、絶対に不可抗力ではないそうです。私もそう反省しています。

　太田飛行合宿後、直ちに事故対策を検討し、代替機を保険金と部員のバイト金で調達し、購入する段取りになった際、該当する事故機 SH‑16 の「耐空証明書」(車でいう車検証) の期限切れが判明し、航空法違反、保険金の無効という最悪の大問題が発生しました。航空局への謝罪など、OB 諸氏にはできる限りの対策を講じていただき、航空局の裁定を待つという状況でした。

　一方、私はというと、傷はほぼ治りましたが航空部に迷惑をかけ保険金も入らないということで、内定していた就職を辞退し後輩のアルバイト探しに奔走はしつつも、内心しょんぼり落ち込んでいました。そんな時、「死ななかったのも腕のうち、元気を出せ、金は何とかなる。お前が死んでいたら伝統ある航空部は廃部になっていたかも。良かった、良かった」と同期の連中は慰めてくれました。

　私たち同期は、昭和 43 年の入学から 4 年間航空部に在籍し、どうにか 9 名が卒部できました。苦しい中での部生活だったためか結束が固く兄弟以上の仲で、今でも毎年秋には、同期会の旅行を行っています。

グライダーの本場ドイツへ

　留年を覚悟したもののどうにか卒業できましたが、同期のほとんどが就職したのに対して私は、何という情けない大学生活の結末だろうかと思いました。このままでは惨めすぎる。どうせ拾った命、もう一度グライダーの本場ドイツに行ってグライダーに乗ってやろう。時間はいっぱいある。そう心を決めました。

　まずは、お金の問題。資金を稼がねばと、千葉県君津市の新日鉄の下請け会社でアルバイトを始めました。鳥かごを持ち命綱をつけ

て溶鉱炉上の石灰ホッパーの中で内側に付着した石灰を除去する仕事です。下を見れば、めらめらと溶鉱炉のオレンジ色の炎。まさに炎熱地獄が口を開けていました。もう一つは船から石灰を工場まで運搬するベルトコンベアの中継点にある集塵機内の清掃です。当時はちょうど公害問題が叫ばれるようになった時代でした。鳥かごを持って作業所に行く理由は風情があるのではなく、小鳥は有毒ガスに敏感に反応するため、止まり木から落ちたらその場から逃げろ、ということです。まさに命懸けのアルバイトでしたが報酬は良く、1年間でドイツへ行けるくらいの費用を貯めました。

　ドイツでグライダースポーツが盛んになった理由は、第一次世界大戦に敗れて飛行機が飛行禁止となった後、当時台頭してきたナチスドイツはグライダースポーツを青少年に奨励していつでも機会があればドイツ空軍（ルフトバッフェ）を復活できるようにした歴史があるからだといいます。アメリカも日本も空軍は、陸海軍に所属して陸軍航空隊・海軍航空隊と称されていましたがドイツだけは今の自衛隊のように、そのころ既に陸・海・空と三つに分かれていました。

　君津でアルバイトをしながら渡独後、長期滞在できるよう学生ビザを取るため、ドイツの大学に手当たり次第に英文の成績証明書を郵送し、幸運にもハイデルベルク大学から入学許可証が届きました。しかし、ドイツ語能力はゼロ。そこでドイツ語会話学校のゲーティンスティチュートの手続きも取り、北ドイツ、ハンブルクの近くのリューネブルク校と南ドイツ、フライブルクの近くのシュターヘン校でいずれも2カ月間の初級コースを学びました。その後ドイツ中部にある大学の町、ハイデルベルクへ。ネッカー川の河畔にある古都は、学生の若者が多く、すこぶる美しい古い町でした。風景は岐阜の長良川河畔にそっくりで、ネッカー川が街中を流れ対岸の山

の中腹には古城のハイデルベルク城がたたずんでいました。長良川と金華山と岐阜城、まさに故郷岐阜とそっくりで、この町がいっぺんに好きになりました。

　しかし大学での外国人ドイツ語コースは私には難しく、全然先が見えませんでした。「通学」ではなく「通食」で食費が安い大学の学生食堂「メンザ」に通う毎日でした。とはいえ、ハイデルベルク滞在中はそれなりにいろいろなことがあり、日航ジャンボ機の副操縦士になった航空部の同期生から「サントリーのだるま（オールド：ウイスキー）を持ってきた。今、ハンブルクに降りた。一緒に飲みたいからすぐ来い！」という無茶な電話がかかってきたこともありました。その友人は私がまだハンブルクに近いリューネブルクにいると思っていたのです。

　また、当地では、「ハイデルベルク柔道クラブ」に入り、東京オリンピックの補欠選手だったドイツ人に稽古をつけてもらいました。日本人は誰でも柔道が強いと思われていましたが、私は柔道はほとんど初心者で、乱取りなどでは、ドイツ人の仲間、特に女性たちにまで子ども扱いされたことを覚えています。お陰で多くのドイツ人の柔道仲間ができました。イタリアのミラノに遠征した際には、チームの団体戦軽量級の代表選手が病気で急きょ欠場したため、私は白帯を黒帯に変えさせられて出場。案の定私は負けましたが、チームは優勝し、地元の新聞でも取り上げられました。

　そうこうするうちに日常会話のドイツ語はどうにかできるようになり、柔道仲間とほとんどのヨーロッパの国々を旅して放浪しました。その間、グライダーのメッカであるバッサークーペの「鷹記念碑」を訪れたり、シュバルツヴァルト（黒い森）にあるホルンベルクグライダー学校を訪問したりしました。

　このグライダー学校には岐阜の中学校からの親友が在籍していて

ドイツの空を飛翔していました。彼は同志社大学航空部出身でここでは「TAKA（鷹）」というニックネームで呼ばれてドイツ人仲間からも一目置かれていました。日本人はもちろん、ドイツ人でさえもなかなか持っていないＦＡＩ規定の金賞（滞空5時間以上、飛行距離500キロ以上、獲得高度1000メートル以上）のタイトルをここで獲得していました。彼との再会を喜び合い、モーターグライダーに乗せてもらいました。上空では操縦かんを握らせてもらい、ドイツの空を飛行し感激しました。

日本に舞い戻って

　瞬く間に2年半が過ぎて金もなくなり、実家からは「何をバカなことばかりしている」「早く帰ってこい」という催促の手紙が何度も届き、しぶしぶ帰国しました。帰って3カ月ぐらいまでは「よく帰って来たな」と家での待遇も上々でしたが、その後、家族の態度は徐々に冷たくなりました。「25、6歳の健康な男が毎日ぶらぶらしていて」と……。こちらも気にはして就職口を探していましたが見つからず、半年以上過ぎたころのことです。中学の教師をしていた妹が「お兄ちゃん、私、結婚することになったけど、先方のご両親から兄上はどちらにお勤めですか、と聞かれて本当に恥ずかしかったわ。『フーテンの寅』みたいで、何とかならないの」と問い詰められたこともありました。言い訳もできず口ごもるばかりの私でした。

　毎日職を探して会社訪問を続けていましたが、当時はオイルショックで不景気のためか、なかなか就職先は見つかりません。偶然、喫茶店で、新聞の求人欄の「岐阜グランドホテルの宴会要員求む」の広告が目にとまりました。アルバイトとして入社ののち、昭和52（1977）年2月には正社員になりました。

外国人宿泊客に対するおもてなしとして、海外生活の経験やドイツ語の日常会話が少しは役に立つのではないかと思い立ち、ホテルマンの職に就いて最後は取締役支配人までさせていただきました。

　その間、各務原の川崎重工のビジネスパートナーだったドイツ企業の職員や岐阜大学のドイツ語講師が岐阜グランドホテルに滞在した際にはフロント兼通訳のような仕事をさせていただき、相手方には大変感謝されました。また、岐阜グランドホテルは、昭和58年に各務原航空自衛隊岐阜基地で開かれた「国際航空宇宙ショー」のレセプションなどの切り盛りを任され、私は当時の西ドイツなど4カ国で設立された「パナヴィア・エアクラフト社」を担当しました。同社はNATO空軍の戦闘機「トルネード」を開発したメーカーです。ボーイングやグラマンなど国内外100社を超える航空会社が参加し、各国の言葉が飛び交う中、私のドイツ語を生かすことができた思い出深いイベントでした。

'83 国際航空宇宙ショー

最後に

　平成26（2014）年6月18日、役員定年を迎え今日に至っています。グライダーに夢中になっていたころの私と同じくらいの年頃の息子を持つ親として、就職するまで自由にさせてくれた両親には本当に感謝しています。

　グライダー乗りの道を究めようと訪れたヨーロッパでしたが、今にして思えば、ホテルやワインのことなどを勉強していたら、もう

少しましなホテルマンになっていたかもしれません。でも、大空を飛ぶ夢をかなえることができた青春時代に悔いはありません。グライダーでは晴れがましい活躍をしるすことこそできませんでしたが、当時の思い出や今も続く仲間との友情は私の最も大切な人生の宝ものです。

【参考文献】
『グライダー操縦の基礎』原田覚一郎著（鳳文書林）
『大空はわが恋人』原田覚一郎著（風林書房）
『大空のサムライ』坂井三郎著（光人社）
早稲田大学航空部50周年記念号『航跡』早稲田大学航空部・稲門航空クラブ
　編集
『天翔ける青春 ― 学連を中心とした日本グライダー物語』鈴木五郎（オリオン
　印刷）

岐阜県の野球史
― 高校野球を中心に ―

小川　信幸

56 年にわたる野球現場の経験を伝えたい

「緑滴る　金華山　水清冽の　長良川……」は県立岐阜商業高等学校の校歌の一節。放課後、県岐商グラウンドで野球の練習をしていると、金華山と山頂にある岐阜城が目に飛び込んでくる。戦国時代の武将・織田信長が天下統一に向けて拠点とした岐阜城を眺めるたび、「美濃を制する者は、天下を制する」という信長の言葉を思い出し、甲子園での日本一を目指して白球を追う日々であった。

信長が永禄 10（1567）年に入城したことから、2017 年、岐阜市では「信長公 450 プロジェクト」を推進中である。高校野球も、明治 17（1884）年に岐阜に伝えられてから約 130 年が過ぎ、昭和 8（1933）年に岐阜商が選抜大会で初優勝して以来、戦前は計 4 度優勝をしたものの、戦後の全国制覇はない。

私は、昭和 37 年（高校 1 年生）から平成 29 年まで、県岐商の野球部員、野球部監督、野球部長、県高校野球連盟会長や、高校教員退職後も日本高校野球連盟（高野連）評議員、朝日大学硬式野球部長と野球に関わってきた。

この機会に、「岐阜商生徒から朝日大教授まで」、「高校球児と指導者の皆さんへの希望と私の夢」、「資料編」として、56 年間の経験を盛り込みながら、高校野球の現場から見た「岐阜県の野球史」を振り返ってみた。

平成 29 年 8 月、ネットワーク大学コンソーシアム岐阜の公開講座でも、同じテーマで講演させていただいたが、近い将来、甲子園での戦後初の全国制覇の一助になれば幸いである。

岐阜県の野球史

岐阜商生徒から朝日大教授まで
昭和 37 年～平成 18 年の県高校野球史
＊以下、「岐阜商」と「県岐商」の使い分けについて。岐阜市立岐阜商業高校（市岐商）の開校（昭和 44 年 4 月）前は「岐阜商」、市岐商が開校してからは「県岐商」とする。

昭和 37 年　選抜、史上初の県勢 2 校同時出場
　第 34 回選抜高校野球大会が 3 月 29 日に開幕。選抜大会に岐阜県から岐阜商と岐阜の 2 校が同時出場する初の快挙。岐阜商は 1 回戦で高田商（奈良）に 3 - 0。2 回戦、鎌倉学園（神奈川）に 0 - 3 で敗退。岐阜は桐蔭（和歌山）に 5 - 3 でベスト 8 へ。中京商（愛知）との準々決勝は、0 - 6 で敗れた。

　第 44 回全国高校野球選手権大会に岐阜商は春に続き連続出場。夏の大会、ベスト 4 を目指して、春夏連続全国制覇に挑む作新学院（栃木）と対戦した。私は、1 年生で 1 人ベンチ入り（当時は 14 人）。9 回代打で出場。いつも使っていた竹バットで中前へ安打し、後続打者のヒットで、その試合の最初のホームベースを踏んだ。そのベースへの感触というものを今も覚えている。

昭和 38 年　大垣商が初の甲子園出場
　第 45 回全国高校野球選手権大会の岐阜大会が 7 月 21 日に開幕。決勝の大垣商対大垣北は延長 16 回、大垣商は決定的な 3 点を挙げて 3 - 0。大垣商は創部 40 年目で春・夏初めての甲子園出場を果たした。第 45 回全国高校野球選手権大会が 8 月 9 日に開幕した。大垣商は大会 4 日目の 1 回戦、明星（大阪）と対戦した。0 - 6 で初戦敗退となった。

141

昭和39年　岐阜東が県下私立校初の選抜出場、
　　　　　　岐阜商が夏の4強入り

　第36回選抜高校野球大会が3月28日、23校が参加して開幕した。岐阜東は大会2日目に1回戦で安芸（高知）と対戦。1‐7で敗れた。

　第46回全国高校野球選手権大会が8月9日、開幕。岐阜商の1回戦は米子南（鳥取）と対戦して4‐1で初戦を飾った。2回戦は松商学園（長野）に5‐2。準々決勝は広陵（広島）と対戦。岐阜商・篠田投手は1点を守り抜き、4強入り。早鞆（山口）との準決勝は岐阜商・脇田、早鞆・亀井の投手戦。岐阜商は5回1死満塁にスクイズ失敗。6回、早鞆に1点先制され、0‐1で敗退。

　春季県大会に出場できなかった岐阜商は「創部以来の弱小チーム」といわれたが、初めて岐阜商が日本一に輝いた時の主将・村瀬保夫氏に監督が代わると、監督の的確な指導でチームは生き返った。夏の県大会の初戦に僅差で勝つと、次の試合前、ベンチの中で監督から「鎮静剤だ。飲むと落ち着いてプレーができる」と1袋ずつもらった。飲むと無心でプレーができた。甲子園の時も、鎮静剤のおかげでベスト4へ。卒業後、その鎮静剤は監督の奥さんが自宅でビタミン剤を袋に入れて監督に手渡したものと分かった。

昭和43年　岐阜南が甲子園初出場、初勝利

　創部6年にして第50回全国高校野球選手権大会に初出場を果たした岐阜南は、大会3日目、米子南と対戦し15‐2で大勝した。続く2回戦の相手は、沖縄の興南。初回に4点先制し松田、渡辺の継投で臨んだが8回に逆転を許し、5‐8で涙をのんだ。

昭和 46 年　県岐商、春夏ともに甲子園出場

　第 43 回選抜高校野球大会は 2 年ぶり 22 回目出場の県岐商。大会 2 日目、津久見（大分）と対戦。県岐商が今大会ナンバーワン投手といわれた橘投手の立ち上がりを攻め、2 - 0 で勝利。2 回戦は木更津中央（千葉）と 1 点を争う好試合となったが、2 - 3 でゲームセット。

　第 53 回全国高校野球選手権大会は出場校 30 校のうち 11 校が初出場校。県岐商の初戦の相手も北北海道代表で初出場の留萌。開会式直後の大会第 1 日第 1 試合での対戦。左腕・堀投手は肝心なところは得意のカーブで抑え、1 - 0 で初戦を飾った。池田（徳島）との 2 回戦は 8 - 1 でベスト 8 入り。準々決勝で岡山東商に 0 - 1 で惜敗したが、小さな身体を巧みに使って健闘した堀は、日米親善試合の日本選抜チームの一員に選ばれてハワイ遠征へ。

　私が監督となって初めての甲子園出場。中野鍵一部長から「ゲームの采配は自分で考えて、私に頼らないでやりなさい」と言われた。アルプススタンドからの声援が非常に近くに感じた。今から思えば、若さのためか、失敗を恐れず戦うことができた。

昭和 48 年　創部 10 年の中京商が春夏連続甲子園出場を果たす

　開校から 10 年目。選抜への切符に中京商の地元瑞浪市も喜びと期待で沸き返った。第 45 回選抜高校野球大会の 1 回戦で中京商は天理（奈良）と対戦、2 - 3 で敗れた。

　5 年に 1 度の記念大会となった第 55 回全国高校野球選手権大会に初出場の中京商は、滋賀県代表の伊香と対戦。11 - 1 と初戦を突破。2 回戦は天理戦であったが、0 - 3 で惜敗。

昭和 49 年　長良、23 年ぶりに選抜出場

　第 46 回選抜高校野球大会には、23 年ぶりの悲願を達成した長良が出場。開幕 2 日目に境（鳥取）と対戦、1 - 8 で敗れた。第 56 回全国高校野球選手権大会には中京商が出場。高知を退けたが、銚子商（千葉）に 0 - 5 で完封負け。中京商のベスト 8 進出はならなかった。

昭和 50 年　中京商、猛打で夏の甲子園 8 強入り

　第 57 回全国高校野球選手権大会の 1 回戦は中京商・今岡の力投で早稲田実（東東京）に 5 - 0 と完封勝ち。準決勝進出を懸け広島商と対決。0 - 3 で完封負けして甲子園を去った。

昭和 51 年　市岐商が初の夏の甲子園出場

　第 58 回全国高校野球選手権大会は各地区の代表 41 校が参加し、県代表の市岐商は春の選抜でベスト 8 入りの福井と対戦。0 - 8 の完封負け。初陣を飾ることはできなかった。

昭和 52 年　土岐商、夏の甲子園初出場

　第 59 回全国高校野球選手権大会岐阜大会は岐阜第一と県岐商が不出場で、前年より 2 校少ない 34 校が出場。岐阜南が 9 年ぶり、土岐商が初の決勝進出。土岐商が 6 - 1 で勝ち、創部 13 年目にして初の甲子園出場を決めた。土岐商は大阪の大鉄と対戦、4 - 8 で惜敗した。

平成 5 年　東濃実業、夏の県大会で初優勝

　夏の県大会で、東濃実業は創部 12 年目で初の決勝進出。決勝は波に乗る東濃実業が延長 10 回裏に県岐商をサヨナラ打で破り初優

勝を決めた。

　第75回全国高校野球選手権大会に出場した東濃実業は、鹿児島商工相手に押し気味で試合を進めたが、9回2死2、3塁から、逆転のサヨナラ打を浴び3 - 4で敗退した。

平成14年　中京が初出場初優勝

　第33回明治神宮野球大会が11月15日に神宮球場で開幕。秋季東海地区高校野球大会で24年ぶりの優勝を果たした中京は、東海地区代表として高校の部に出場。初出場で初優勝の快挙を成し遂げた。県勢としても初めてだった。

平成18年　初出場の岐阜城北が快進撃　県勢47年ぶりのベスト4

　第78回選抜高校野球大会は3月23日に甲子園球場で開幕。2005年の秋季東海大会を制した岐阜城北が初出場。1回戦は一関学院（岩手）に2 - 1のサヨナラ勝ち。2回戦は智弁和歌山に10 - 7で逆転勝ち。準々決勝は神港学園（兵庫）に4 - 0で完勝して4強。県勢のベスト4は岐阜商以来、47年ぶり。準決勝は横浜（神奈川）に4 - 12で敗れた。

　夏の大会に県岐商が出場。1回戦1 - 4で智弁和歌山に惜敗した。選抜大会、左腕の尾藤投手は準々決勝まで3試合30奪三振、防御率0.67。4試合の好投快投で、全国屈指の左腕投手といわれた。強豪との戦いでも逆転勝ちしてベスト4まで導いた藤田明宏監督（県岐商ＯＢ、現朝日大監督）の采配は見事であった。

恩師や先輩、教え子に恵まれて

　恩師は中野鍵一先生。先生は昭和11年夏の甲子園大会で岐阜商が初優勝した時のメンバー。昭和28年、母校強化の依頼を受け、

145

岐阜商の商業科の教師（野球部長）に。春夏合わせて 14 回、甲子園出場。この内、昭和 31 年の選抜と夏の大会、昭和 34 年の選抜大会で準優勝に導く。昭和 46 年まで野球部長、昭和 56 年 3 月教頭で退職。その後、岐阜南高校（現岐阜聖徳学園高等学校）事務部長、昭和 59 年から 5 年間、同校校長。平成 18 年 7 月に死去（86 歳）。

　昭和 37 年春、私が岐阜商野球部に入って間もないころ、グラウンド整備に力が入っていない私たちを見て、野球部長の中野先生から「お前たちは誰に支えられているのだ。『実るほど頭を垂れる稲穂かな』を忘れるな」と言われたことを今も思い出す。「高校野球は教育の一環だ」「勝てばいいという野球は、岐阜商の野球ではない」と教えられた。戦後の岐阜県の高校野球発展に尽力された一人。教えを守り、伝え続けることが中野先生への恩返しだと思っている。

　先輩の高木守道さんは昭和 34 年春の甲子園で、岐阜商が準優勝した時の二塁手。プロ野球中日ドラゴンズ（通算 2274 安打＝名球会入り）で大活躍され、中日の監督も経験。もう一人の先輩、清沢忠彦さんは岐阜商のエースとして甲子園に春夏 4 回連続出場。昭

後列左から中野先生、清沢先輩、高木先輩、小川、高橋
貞夫先輩。中央は足立敬司先輩ご夫妻

和31年の春夏準優勝、翌32年も春夏ベスト8。慶応大でも活躍、住友金属監督、甲子園の審判を18年間、日本高等学校野球連盟理事も経験。高木さんがプロ野球のスターなら、悲運のエースといわれた清沢さんは心根の優しい高校、大学、社会人野球のスター。両先輩には、今後もご支援をお願いしたい。

　教え子は監督として工藤昌義（土岐商）、鹿野浩史（岐阜城北）、秋田和哉（市岐商）らが高校野球、同じく監督の藤田明宏（朝日大）、原克隆（中部学院大）らが大学野球をリード。彼らの良きライバル関係が岐阜の高校、大学野球のレベル向上に大いに役立っていると信じている。

　プロ野球では現役で頑張る石原慶幸（広島、16年目）、平成27年に引退した和田一浩ら。このうち、藤田とは監督・野球部長（小川）の間柄が今も続いている。和田は平成17年のパ・リーグの首位打者（当時、西武）。中日に移籍後の平成27年、2000本安打を達成して名球会入り（通算2050安打）したが、今も高校時代と変わらぬ素直さ、謙虚さを持ち続け、「実るほど頭を垂れる稲穂かな」を実践してくれている。ＮＨＫのプロ野球解説者。近い将来、プロ野球の指導者の道を歩んでほしい。

平成19年～平成29年の県高校野球史
平成19年　大垣日大が初出場で準優勝
　　　　　中京とともに2校が選抜大会に出場

　第79回選抜高校野球大会は3月23日、甲子園球場で開幕。平成18年の秋季東海大会で準優勝した中京と「希望枠」で大垣日大が選ばれた。初出場の大垣日大は1回戦で北大津（滋賀）に7－4と甲子園初勝利。準決勝は帝京（東東京）に5－4で勝ち、昭和34年の岐阜商以来となる県勢48年ぶりの決勝進出だったが、常

葉菊川（静岡）に 5 - 6 で惜敗した。

　大垣日大の阪口慶三監督との思い出は、阪口さんが東邦（愛知）の監督をしていた時のこと。東邦グラウンドでの練習試合を 2 試合した。ところが、1 試合でも東邦が負けると、「こちらから県岐商へ行く。練習試合をお願いしたい」とすぐに申し込みがあった。愛知県高校球界の顔から岐阜県高校球界の顔の一人に。勝つことへの執念が衰えることのない、私より 2 歳上の現役監督には頭が下がる。健康に留意され、さらなるご活躍を願う。

平成 21 年　県岐商と大垣日大が全国制覇

　第 91 回全国高校野球選手権大会は 8 月 8 日、甲子園球場で開幕。県岐商は山梨学院大付に 14 - 6 で大勝。3 回戦は P L 学園（大阪）と対戦。6 - 3 で快勝し、準々決勝は帝京（東東京）に 6 - 3 で勝ち、昭和 39 年以来、45 年ぶりの 4 強入りであった。準決勝は日本文理（新潟）に 1 - 2 で惜敗。第 64 回国民体育大会は 9 月 27 日から新潟で行われ、県岐商が決勝で都城商（宮崎）を破って優勝。昭和 22 年の石川国体以来、62 年ぶり 2 度目の全国制覇。

　私は 4 試合とも甲子園のアルプススタンドで応援。4 試合計 490 球を投げた山田投手の投打の頑張りに感動。45 年前、主将だった私は「勝てば決勝戦だ」と勝ちを意識して、無心には戦えなかったが、今回は PL 学園、帝京といった私学強豪を撃破したナインに拍手を送った。国体の優勝も山田投手が投打に活躍するなど、見事な戦いぶりであった。

　一方、第 62 回秋季東海地区高校野球大会で大垣日大は決勝戦、中京大中京（愛知 1 位）に 5 - 4 で勝って初優勝を飾った。大垣日大は、11 月 14 日に開幕した第 40 回記念明治神宮野球大会に進み、決勝で東海大相模（関東地区・神奈川）に 10 - 9 で勝ち、全国初制覇。

夏の大会の時、県岐商の学校評議員を務める大友克之・朝日大学長が激励のため大阪の選手宿舎を訪れたもの（左から小川、石榑淳部長、大友学長、藤田監督＝現朝日大監督）

平成22年　大垣日大が選抜大会ベスト4

　第82回選抜高校野球大会は3月21日、甲子園球場で開幕。大垣日大は1回戦、21世紀枠出場の川島（徳島）に3-2で勝ったが、準決勝は興南（沖縄）に0-10で敗れた。

平成27年　県岐商、高橋投手が最速150キロを記録

　第87回選抜高校野球大会に県岐商が2年ぶりに出場。1回戦4-1松商学園（長野）、2回戦3-0近江（滋賀）と勝ち上がった。準々決勝では0-5で浦和学院（埼玉）に完封負け。

　県岐商のエース高橋純平投手は最速150キロを記録し、26奪三振と活躍。夏の県大会は左太ももの肉離れにより、1イニングの登板で甲子園は逃す。夏の甲子園大会後のU-18ベースボールワールドカップ日本代表に選ばれ、ドラフト会議で福岡ソフトバンクが1

位指名。平成 30 年（3 年目）こそ、1 軍で大活躍してほしい。

平成 29 年　大垣日大が 3 年ぶり 4 回目の夏の甲子園大会出場

　春は多治見高校が 21 世紀枠で甲子園初出場したが、初戦で敗退。第 99 回全国高校野球選手権大会は 8 月 8 日に開幕。大垣日大は奈良の天理と対戦したが、0 - 6 で敗退した。

〔大学野球〕

中京学院大に次いで、2 度目の全国制覇を

　昭和 50 年に東海地区大学野球連盟が設立され、現在の加盟校は 19 大学。平成 28 年、中京学院大学が全日本大学選手権大会に初出場し初優勝を飾ったことで、岐阜県の大学野球のレベルの高さが証明された。リーグでの優勝回数、それに大学選手権と神宮大会の出場回数は、中部学院大学がリーグ優勝 11 回、大学選手権出場 2 回、神宮大会出場 2 回。朝日大学は 10 回、3 回、2 回。岐阜聖徳学園大学は 9 回、2 回、1 回。中京学院大学は 3 回、1 回、0 回。岐阜経済大学は 3 回、1 回、0 回。岐阜大学はいずれも 0 回。

　平成 29 年、全日本大学野球選手権に初出場した岐阜経済大は準々決勝で東海大北海道に 2 - 4 と惜敗。現在の岐阜県の六大学は近藤正（中京学院大）、原克隆（中部学院大）、藤田明宏（朝日大）、小森茂（岐阜経済大）といった優秀な監督がそろい、高い目標に向かって切磋琢磨している。中京学院大出身の菊池涼介（広島、6 年目）、吉川尚輝（巨人、1 年目）らがプロ野球で活躍。各野球部員もしっかりと目標を持って、練習に一層励んでほしい。

高校球児と指導者の皆さんへの希望と私の夢
球児と指導者の皆さんに望むこと

（球児たちへ）

　近年の高校野球は甲子園へ出場し、さらに日本一を目指すならば、基礎・基本を身に付けるのは当然のことで、さらにパワーアップが必修である。打者なら、投手が投げる140 ～ 150キロの球速を打ち返すだけのパワーが求められる。従って、ウエイトトレーニングや素振りを繰り返して、根気よくやり切ることが大切である。一方、投手は低めにキレの良いボールを投げ分けるだけの制球力が必要となってくる。それには腹筋・背筋を鍛え、走り込んで強靭な足腰をつくるのが好投手への道である。

　高校野球は「負けたら明日がない」ので、緊張した試合には、それを克服する、たくましい精神力が求められる。そのためには選手は指導者に言われてからやるのではなく、日頃から積極的に野球に取り組む姿勢が大切で、そうした選手たちの総合力によって、勝敗は決まる。また、父母への「感謝の心」を忘れないでほしい。そして、父母らからの温かい愛情を強く感じながらも、それに甘えることなく、常に自立心を育めば、大事な試合でも、力が十分に発揮できるようになる。

（指導者の皆さんへ）

　野球部の部員数はチームによってさまざまである。しかし、日々成長し続けている部員の変化を、見逃すことなく、そっと「見守る」ことも重要である。部員が多い場合は、指導者のコンビネーションによって、部員が生き生きと輝き、活力に満ちたチームへと力を蓄えていく。そのコンビネーションとは監督と野球

部長の父親役、母親役という役割分担のほか、監督が右側を見ていたら、部長は監督の目の届いていない左側や前後を見ることである。そして、部員一人ひとりの目標をしっかりと掌握して、部員の成長を今日より明日へと導いてやることが肝要である。

私の夢
2020東京五輪の聖火ランナー（2度目）に

　私の夢は、岐阜県代表の甲子園の全国制覇と、朝日大の6回目の全国大会出場。もう一つは2020年東京五輪（7月開幕）の聖火リレーのランナーに選ばれること。1964年東京五輪（岐阜商3年生）の時、聖火ランナーに選ばれ、1.6キロを走っている。もし、選ばれることがあれば、スリムな体になって、「立派に聖火ランナーを務める」と宣言したい。

前回の東京五輪では聖火ランナーとして大垣市内を走った（昭和39年10月）

― 資料編 ―

明治時代から昭和 36 年までの高校野球（硬式）

　日本で野球が始まったのは明治 6 年で、岐阜県で野球が始まったのは明治 17 年。

大正 14 年　岐阜商野球部が誕生

　岐阜県立岐阜商業高等学校は、明治 36 年 10 月実業学校令に基づく岐阜市立商業学校として設立を認可され、翌 37 年 4 月に鶯谷に開校。校庭が狭く、大正 12 年に就任した 7 代目長野廉二校長が市当局に新校舎建設を訴えたことから、大正 13 年 12 月に新築敷地が決定。大正 14 年 9 月、長良への移転直後、岐阜商野球部が誕生した。

昭和 3 年　岐阜商が夏の県大会で初優勝

　昭和 3 年から、県下中等学校野球リーグ戦が開始され、岐阜中が第 1 回優勝校に輝いた。全国中等学校野球大会の 1 次予選である岐阜大会は岐阜商が 3 - 2 で大垣中を破って初優勝。

昭和 7 年　春の選抜大会に岐阜商が初出場

　岐阜県勢として初めて選抜中等学校野球大会に出場。春の選抜大会は 3 月 30 日、20 校が出場し開幕。岐阜商は松山商（愛媛）と対戦したが、0 - 8 の大差で初戦を落とした。

昭和 8 年　岐阜商、春の選抜大会で初優勝

　春の第 10 回選抜中等学校野球大会が 3 月 30 日から始まった。岐阜県からは岐阜商が出場。静岡中を 6-5 で破って波に乗り、決勝戦は明石中（兵庫）に。1 - 0、初優勝に輝く。

昭和 10 年　岐阜商、春の選抜大会で 2 度目の優勝

　第 12 回選抜中等学校野球大会が 3 月 28 日から 20 校の出場で開催。岐阜県から岐阜商が 4 回連続の出場。広陵中（広島）との決勝戦。5 -

4で勝ち、2度目の全国制覇を達成。

昭和11年　夏の甲子園大会、岐阜商が初出場で初優勝

第22回全国中等学校優勝野球大会に岐阜商が初出場。第1試合の盛岡商（岩手）に18‐0と圧勝。平安中（京都）と決勝戦、松井投手が好投して9‐1と快勝。夏の甲子園大会で初優勝した。

昭和15年　岐阜商、春の選抜大会で3度目の優勝

第17回選抜中等学校野球大会に8年連続で岐阜商が出場。決勝戦は京都商。大島投手の活躍で2‐0。全試合完封という偉業を成し遂げた。岐阜商は春の選抜で3度目の優勝。

昭和22年　岐阜商が国体で初優勝

第2回国民体育大会は石川県で10月30日に開幕。岐阜商は中等野球の部に出場。決勝戦、岐阜商は2‐1で小倉中（福岡）を破り国体初優勝を飾った。

昭和24年　岐阜が2年連続夏の甲子園に出場し準優勝

8月13日に開幕した全国高校学校野球選手権大会には、全国の23代表が出場。2年連続出場の岐阜は湘南（神奈川）との決勝戦で、前半3点を挙げたが、3‐5で敗れ、準優勝に終わった。

昭和31年　岐阜商が春・夏の甲子園で準優勝

第28回選抜高校野球大会には20校が出場。準々決勝で、岐阜商の清沢が好投。中京商（愛知）との決勝戦、岐阜商の清沢は立ち上がりを攻められ、0‐4。第38回全国高校野球選手権大会には23校が出場。決勝戦は岐阜商と平安（京都）。2‐3で惜敗して準優勝。

昭和33年　多治見工、甲子園に春夏連続で初出場

第30回選抜高校野球大会には23校が出場し、多治見工が初出場を決めた。創部12年目のことで、多治見工は1回戦不戦勝。2回戦は、熊本工に0‐1で惜敗した。第40回全国高校野球選手権大会2日目、多治見工は1回戦で姫路南（兵庫）に1‐2で惜敗。

昭和34年　選抜で岐阜商旋風を巻き起こし準優勝

　第31回選抜高校野球大会が4月1日に開幕。決勝戦は岐阜商と中京商（愛知）。先制したのは中京商。3回、無死2塁から投前バントを処理する際、雨で軟弱になったグラウンドに足を取られ、近藤が尻もち。不運な2点を失い、2‐3で、準優勝にとどまった。

〔社会人野球〕

　都市対抗野球大会は昭和20年に創部した大日本土木が翌年、初優勝を飾り、昭和22年は2連覇を達成した。大日本土木の社長は遠藤健三氏で、松井栄造投手はじめ名選手を発掘、育成した人物として有名。野球部監督は主将も兼ねた村瀬保夫氏であった。

　都市対抗野球大会に出場した県内のチームは大日本土木の2回をはじめ、西濃運輸36回、昭和コンクリート工業6回、川島紡績5回、東洋産業1回（平成29年11月現在）。平成26年、西濃運輸が33回目の挑戦で初優勝。本県では大日本土木以来、67年ぶり。平成29年、西濃運輸は準々決勝で敗退。

【参考文献】
『白球燦々』岐阜県高等学校野球連盟編　2000年
『岐阜県高校野球連盟史1999年～2009年』岐阜県高等学校野球連盟編　2010年
『岐商野球部五十五年史』岐商野球部五十五年史編纂委員会編　1981年
『岐商七十年物語』吉田　国次著　1975年
『岐商百年　創立100周年記念誌』岐阜県立岐阜商業高等学校　2005年
『球趣無限の人びと』岐阜日日新聞社　1984年
『昭和十七年の夏　幻の甲子園　戦時下の球児たち』早坂　隆著　2010年
『戦場に散った野球人たち』　早坂　隆著　2014年
『戦後70年に寄せて　吉田豊のぼくの戦争』中日新聞岐阜支社編　2015年

日本国憲法の象徴天皇制
― その由来、受容および普及に関する考察 ―

下條　芳明

はじめに

　日本国憲法の下で象徴天皇制が実施されて、本年、2018 年で70 年が経過した。日本国憲法第 1 条は、「天皇は、日本国の象徴でありして日本国民統合の象徴であつて、この地位は、主権の存する国民の総意に基く」として、国民主権に基づく象徴天皇制を定める。

　当初、この全く新しいタイプの君主制の登場に対して、解釈・運用の面でさまざまな戸惑いや理解の不統一が見られたのは事実である。また、憲法学説では、天皇制は国民主権とは原理的に矛盾するものと見なされ、民主化の進展に伴い、やがて世界史の舞台から姿を消すであろうと考えられていた。ところが、実際には、日本国憲法の象徴天皇制は、わが国固有の政治風土の中で国民主権と巧みに適応と調和を遂げ、独自の発展を示してきた。象徴天皇制が国民意識のうちに広く定着していることは、各種の世論調査が示すところでもある[1]。

　ここであらためて君主制の歴史を振り返ると、19 世紀のヨーロッパでは、ドイツ型の「立憲君主制（constitutional monarchy)」、イギリス型の「議会主義的君主制 (parliamentary monarchy)」、フランス型の「調整権的君主制（moderative power monarchy)」など、いくつかの立憲君主制の類型を認めることができる。これらに匹敵して、20 世紀後半に日本国憲法の下で形成された象徴天皇制は、「象徴君主制（symbolic monarchy)」という現代君主制の新しいジャンルを提示しているといえるだろう。ちなみに、君主制研究の第一人者である佐藤功教授によれば、「象徴君主制」とは、「君主の存在を認めながら、その君主は国政に関する権能をもたず、単に精神的・心理的に国民の統合・国家の永続性を象徴す

る機能のみをもつとされる君主制[2]」を意味する。

本稿では、日本国憲法第1条の「象徴」規定の由来、受容および国際的普及を考察することを通じて、象徴天皇制の成り立ちとその伝統日本的な特色について考えてみたい。

「象徴」規定の三つの由来

そもそも日本国憲法第1条の「象徴」なる語は、いったいどこから来たのだろうか。この問題に関しては、これまでさまざまな見解が主張されてきたが、ここでは、イギリスルート、日本ルート、アメリカルートという三つの側面から考察してみたい。

イギリスルート

周知のように、日本国憲法の原案は、日本占領下に連合国軍総司令部 (GHQ) の民政局で作成された。このとき民政局内に日本の新憲法起草のために八つの小委員会が設置されたが、そのうち「天皇・条約・授権規定に関する小委員会」において「象徴」規定を発案したといわれる、ジョージ・A・ネルソン（当時陸軍中尉）の証言では、当時、彼の念頭にあったのは、W. バジョットの『イギリス憲政論』(1867年初版)であったという[3]。

このバジョットの古典的著作によれば、19世紀後半のイギリス君主には、次のような特徴があるという。①国王は尊厳的地位にあり、その効力は計り知れないものがある。もし国王が存在しなければ、政府は瓦解し、消滅するだろう。②国民は諸政党に分かれ争っているが、国王はそれを超越し、実際の政争から距離を保っているので、敵意や汚辱にまみれることなく、神秘性を保持できる。③このため国王は相争う政党を融合させることができ、また、教養が不足している国民にとっては「目に見える統合の象徴 (visible symbol of unity)」となることができる、という[4]。

また、同じく「天皇・条約・授権規定に関する小委員会」におい
て、「天皇」の章を担当したリチャード・A・プール（当時海軍少尉）
の回想によれば、「象徴」の語は、イギリス連邦が自由な連合であ
ることを定めた、1931 年制定のウェストミンスター憲章（Statute
of Westminster）から採用したという(5)。　その前文では、「王位
(the Crown) は、イギリス連邦構成国の自由な連合の象徴（the
symbol of the free association of the members of the British
Commonwealth of Nations）であり、連邦構成国は王位への共
通な忠誠によって結合されている」と定めている。
　こうして見ると、ネルソンにしろ、プールにしろ、総司令部の起
草委員たちは、イギリスの立憲君主制をモデルとしていたことをう
かがうことができるだろう。

日本ルート

　一方、戦前の日本でも、とくに大正デモクラシー期以降、天皇や
皇室を「国民統合の象徴」と捉える天皇観、皇室観が主張されてい
たことを忘れてはならない。この点、新渡戸稲造（1862-1933）は、
1900（明治 38）年の英文著作である、有名な『武士道』（Bushido
—The Soul of Japan）の中で、「イギリスの王室について『それ
は権威の像（イメージ）たるのみでなく、国民的統一の創造者で
あり象徴（シンボル）である』と言いしことが真であるとすれば
……、この事は日本の皇室については二倍にも三倍にも強調せられ
るべき事柄である(6)」と指摘している。さらに、新渡戸は、1931
（昭和 6）年の著作『日本―その問題と発展の諸局面』（Japan －
Some Phases of her Problems and Development）では、日本
国憲法第 1 条をほうふつさせる表現で、「こうして天皇は、国民の
代表であり、国民統合の象徴である（Emperor is thus the repre-
sentative of the nation and the symbol of its unity)(7)」と述

べている。

　次に、岐阜県（美濃加茂市下米田町）が生んだ歴史学の泰斗・津田左右吉（1873－1961）は、『文学に現はれたる国民思想の研究』の中で、例えば、次のように述べて、天皇や皇室を「永遠の生命を有する国家の象徴」、「国家の独立と統一の象徴」、「国民精神の生ける象徴」と意義付けている。

　　　このやうにして、皇室は国家と共に永久であり、戦国時代の如く政治的に日本が殆ど分裂していた世でさへも、皇室の存在を誇りとし、それを永遠に持ち続けてゆかうとするのであるから、現代の用語では、皇室は永遠の生命を有する国家の象徴であられ、国家の独立と統一の象徴であられ、また国民精神の象徴であられる、というべきである。……皇室は政治に関与せられなかったから、時勢によって変遷する政治形態や社会組織の如何にかかはらず、よくそれに順応し、またそれを容認して、いつも変わらず国家の象徴、国民精神の生ける象徴としてのはたらきをしてゐられた、ということである[8]。

さらに、津田は、終戦の翌年である 1946（昭和 21）年 1 月、日本国憲法がまだ草案の形でも提示されていない段階で、岩波書店の雑誌『世界』4 月号に「建国の事情と万世一系の思想」と題する論文を発表し、いわゆる「われらの天皇論」、「われらの皇室論」を展開して大きな論議を呼んだ。次のように論じて、戦後のいまだ形成途上にある「民主主義国家」における皇室の存在の意義を「国民的結合の中心であり国民精神の生きた象徴」と位置付けたのだった。

　　　現代においては、国家の政治は国民みずからの責任を以てみずからすべきものとせられているので、いわゆる民主主義の政治思想がそれである。この思想と国家の統治者としての皇室の地位とは、皇室が国民と対立する地位にあって外部から国民に

臨まれるのではなく、国民の内部にあって国民の意志を体現せられることにより、統治をかくの如き意義において行われることによって、調和せられる。国民の側からいうと、民主主義を徹底させることによってそれができる。国民が国家のすべてを主宰することになれば、皇室はおのずから国民の内にあって国民と一体であられることになる。具体的にいうと、国民的結合の中心であり国民的精神の生きた象徴であられるところに、皇室の存在の意義があることになる[9]。

アメリカルート

　最後に、アメリカルートについて見てみよう。まず日米開戦時に駐日アメリカ大使であり、終戦時には米国務次官を務めてポツダム宣言の作成にも深く関与した、ジョセフ・クラーク・グルー（1880-1965）の影響が挙げられる。日米開戦直後アメリカに帰国したグルーは、戦後日本の天皇制の存置の問題に関しては、アメリカ各地で開催された講演会などで、日米戦争後には日米関係は再び1920年代の協調関係に復帰し得るという考え方に基づき、「天皇制は日本の平和的建設的な発達のため、また米国の安全と両立する方向に日本人が歩んでゆくためにも、重要な役割を果たしうるだろう」という見解を表明していた[10]。この点、グルーは、1943年9月30日付の米国務省極東局長であるホーンベックに宛てた手紙で、次のように書いた。

　　天皇制に関していえば―現在の天皇個人と明白に区別されるものだが―、それは保持されるべきであると、私の心中ははっきりしている。なぜなら象徴として、天皇制はかつて軍国主義崇拝に役立ったと同様に、健全かつ平和的な内部成長にとっての礎石としても役立つからである[11]。

ところで、連合国軍総司令部のスタッフのなかで、新渡戸および

津田の天皇観、皇室観を共有していたのが、映画『終戦のエンペラー』（2012年アメリカ、2013年日本公開）の主人公でもあったボナー・フェラーズ准将（当時）である。彼は、「バターン・ボーイズ」の一人として、マッカーサーの最も信頼する側近であり、戦前の日本に5度ほど来日し、ラフカディオ・ハーン（小泉八雲）の研究を通じて日本文化への造詣が深かった[12]。

　フェラーズは、1945（昭和20）年10月2日、天皇の戦争責任に関する調査報告書をマッカーサーに提出する。次のように、そこには、知日派であり、親日派でもあるフェラーズの独自の天皇観を読み取ることができる。

　　　キリスト教徒とは異なり、日本国民は、魂を通わせる神をもっていない。彼らの天皇は、祖先の美徳を伝える民族の生ける象徴（the living symbol of the race）である。天皇は、過ちも不正も犯すはずのない国家精神の化身である。……いかなる国の国民であろうと、その政府をみずから選択する固有の権利をもっているということは、米国人の基本的観念である。日本国民は、仮に彼らがそのような機会を与えられるとすれば、象徴的国家元首（the symbolic head of the state）として天皇を選ぶであろう[13]。

　この文書の影響が大きかったことは、この報告書を受け取ったマッカーサーが、翌1946年1月25日付の米参謀総長アイゼンハワー宛ての機密電報の中で、次のように述べていることに示されている。

　　　天皇は、日本国民統合の象徴（a symbol which unites all Japanese）であり、天皇を排除するならば、日本は瓦解するであろう。実際問題として、すべての日本国民は天皇を国家の社会的首長として尊崇しており、正否のほどは別として、ポツ

ダム協定（ポツダム宣言のこと　引用者注）は、彼を日本国天皇として擁護することを意図していたと信じている[14]。

　周知のように、同年2月3日の「マッカーサー・ノート」の第一原則では、天皇の地位に関して、「天皇は、国家の首位にある（Emperor is at the Head of the State）」と規定していた。ところが、マッカーサーはすでにその10日前の時点で、天皇を明治憲法第4条が定めるような「国の元首」あるいは「統治権の総攬者」ではなく、「日本国民統合の象徴」あるいは「国家の社会的首長」という尊厳的地位に置こうとしていたのである。

　これとも関連して、先にも取り上げた、総司令部において天皇条項の起草を担当したリチャード・A・プールは、1992年のあるインタビューにおいて、日本国憲法における「象徴」の意味と象徴天皇の地位と役割に関して、次のように述べている。

　　＜シンボル＞という言葉は、旗とか紋章とかの物質を連想しやすいのですが、英語では、精神的な意味も強く含んだ言葉です。日本の憲法学者は、現行憲法第一条の＜シンボル＞という表現がどこから来たか非常にこだわっているようですが、アメリカ人ならば十人が十人とも、＜精神的な要素も含んだ高い地位＞という意味を、すぐに理解する言葉です。＜シンボル＞というのはよい表現だと思いました[15]。

　　天皇に関して我々が基本的にしたかったことは、こうなんです。天皇の位置づけを＜何ら政治的な力を持たない立場ではあっても、憲法上では君主として重要な機能を持つ立場＞として打ち出したかったのです。言いかえると、それは単なるお飾りであってはいけないということです[16]。

　わが国の憲法学説では、天皇の地位に関して、一般に「天皇は単なる象徴にすぎない」として、その存在はあれども無きがごときも

のである、と強調される傾向がある。しかし、マッカーサーや総司令部の天皇条項の作成者たちは、すでにその当時において「象徴」に極めて重要な社会的な意味を与えようとしていたのである。

「象徴」規定の受容と昭和天皇

　日本国憲法の成立に関しては、今日でも、日本国憲法はアメリカ占領軍の圧力や脅しに屈して制定されたので無効であるとする、いわゆる「押しつけ憲法論」が主張されている。確かに日本国憲法成立過程において、「象徴」の語が初めて登場するのは、1946（昭和 21）年 2 月 13 日に日本側に提示された総司令部案（GHQ 草案）においてであり、同案の第 1 条は「天皇は日本国の象徴にして、日本国民統合の象徴（the symbol of the state and of the Unity of the people）であり、その地位は国民の主権的意思に由来し、他のいかなる起源も有しない」と規定する。ここには、日本国憲法第 1 条の天皇条項のほぼ原型を認めることができる。

　しかし、同案の提示に対する、その後の日本側、とくに昭和天皇の対応を検証してみるならば、占領軍による「押しつけ」とか、「強制」とかいうだけでは説明できない歴史的事実が浮かび上がる。例えば、吉田茂は『回想十年』の中で、1946 年 2 月末から 3 月初めにかけて起草された政府の「憲法改正草案要綱（3 月 6 日案）」作成当時を振り返って、次のように述べている。

　　要綱等は、翌七日の新聞に掲載されたが、当時としてはその内容が急進的であったため、世人に可なりの衝撃を與えたことは当然であろう。この間、閣議で一番問題になったのは、天皇の地位を表現する象徴という字句であった。これをめぐって、閣僚間に議論百出の有様であったが、幣原総理が陛下に拝謁して、憲法改正に関する総司令部との折衝顛末を委曲奏上し、陛

165

下の御意向を伺ったところ、陛下親ら「象徴でいいではないか」と仰せられたということで、この報に勇気づけられ、閣僚一同この象徴という字句を諒承することになった。故に、これは全く聖断によって、決ったといってもよいことである[17]。

　また、戦後の保守政治家である松村謙三の記録によれば、このときマッカーサーは幣原喜重郎首相に向かって、「(明治憲法) 第1条をそのままでは、〝北の国 (ソ連のこと　引用者注) 〟〝南の国 (オーストラリアのこと　引用者注)〟はもちろん、アメリカ本国さえどう言うかわからぬ。……このさいは第1条を変えて、イギリス式の〝国家の象徴〟、その程度までもってゆく必要があろう[18]」と要請したが、その旨を上奏する幣原首相に対して、昭和天皇は次のように述べたという。

　　先方がそういうなら認めてもよいではないか。第一条はイギリスのように〝象徴〟と変えてよいではないか。民の心をもって心とする。それが祖宗の精神であった。万世一系の天皇これを統治するというのも、民の心をもって心として治めることだ。ゆえにイギリス式に〝国家の象徴〟となり、政治を民に委ねてもよいと思う[19]。

　さらに、アメリカ側の資料 (総司令部民政局編『日本の政治的再編成』) によれば、1946年2月22日の幣原首相の上奏に関しては、次のような記録が残されている。

　　内閣総理大臣は、最後の手段として、吉田と楢橋を伴い、天皇のご意見を伺った。裕仁は躊躇されなかった。彼は幣原に最も徹底的な改革を、たとえ天皇御自身から政治的権能のすべてを剥奪するほどのものであっても、全面的に支持すると勧告された[20]。

　いずれにせよ、昭和天皇は、明治憲法下の立憲君主として、上奏

の場を通じて、総司令部が提示した「象徴」規定を日本の「国柄（国体）」に適合するものとして認め、総司令部案を了解する方向で幣原内閣を指導したことは留意してよいだろう。ちなみに、後年のことになるが、昭和天皇は、1977（昭和 52）年 8 月 23 日、恒例の那須御用邸での宮内庁記者会見において、第 1 条の「象徴」規定の採用に賛成した理由について、織田信長などの戦国武将の皇室に対する財政支援の事例を引きながら、次のように答えている。

> （日本国憲法）第 1 条、あの条文は日本の国体の精神に合っていますからいいと思いました。国体というのか、日本の皇室は昔から国民の信頼によって万世一系を保ってきた。その証拠には歴史が示すように戦国の皇室衰微のとき、戦国の武将、毛利元就、織田信長にしても皇室を尊崇して、お気の毒ということでばく大な財産を献上したことが歴史に書かれている。日本の国民は皇室を尊崇し、皇室も国民をわが子と考え、大切にされた。その代々の伝統が今日をなした[21]。

なお、このとき上奏を行った幣原喜重郎自身も、1951（昭和 26）年に出版された回顧録『外交五十年』の中で、日本国憲法の起草経過に触れたところで、1931 年のウェストミンスター憲章に照らして、「象徴」という表現は「すこぶる適切な言葉だと思った」として、次のように述べている。

> 新憲法において、天皇は日本の象徴であるといって「象徴」という字を用いた。私もこれはすこぶる適切な言葉だと思った。象徴ということは、イギリスのスタチュート・オブ・ウェストミンスターという法律、これは連邦制度になってからだから、そう古い法律じゃない。その法律の中に、キングは英連邦（ブリティッシュ・コモンウエルス・オブ・ネーションズ）すなわちカナダやオーストラリアや南アフリカなどの国の主権の象徴

（シンボル）であると書いてある。それから得たヒントであった[22]。

　総司令部による「象徴」規定の提示の問題となると、松本烝治国務大臣をして「憲法になんだか文学的表現が出てきて妙な気がした」と語らしめたという逸話が独り歩きしている感がある。この『外交五十年』の記述は、昭和天皇のみならず、当時の日本政府が「象徴」の語をむしろ積極的に理解していたことを示唆するものとして極めて興味深い。

「象徴」の国際的普及

　比較憲法学的には、日本が高度経済成長を達成した 1970 年代以降、各国憲法における顕著な傾向として、元首である国王や大統領を「国家・国民の統合の象徴」あるいは「国家の永続性の象徴」と明示する規定が増加している点が注目される。

　たとえば、1978 年のスペイン憲法が「国王は、国家元首であり、国家の統合と永続性の象徴である」（第 56 条 1 項）とするのをはじめ、1990 年のネパール王国憲法には「国王陛下は、ネパール国家およびネパール国民統合の象徴である」（第 27 条）、1992 年（国民投票承認）のモロッコ憲法には「国王は、モロッコ王国の統合の象徴である」、さらに、1993 年のカンボジア王国憲法には「国王は、国民統合の象徴であり、未来永劫に存続するものである」（第 8 条）などの規定が見受けられる[23]。1974 年のスウェーデン憲法の場合には、憲法上の明記はないが、政府注釈書によれば、国家元首の地位にある国王を「国民統合の代表者であり、国民全体の象徴（symbol för landet）」と性格づけている[24]。

　共和制憲法の場合にも、1972 年のフィリピン憲法は、「共和国大統領は、国家の象徴的元首である」（第 7 条 1 節）とする規定を

日本国憲法の象徴天皇制

置いた。また、1973年のスーダン共和国憲法（第82条）、1979年のバヌアツ憲法（第31条）、1995年の中央アフリカ憲法（第21条）などでは、大統領を「国家的統合の象徴」などと明記している。

　以上に見たような各国憲法における「象徴」規定の登場は、日本国憲法の象徴天皇制の定着と成功を裏付けているだけでなく、その国際的な普及を物語るものである。この意味で、日本国憲法第1条の「象徴」規定は、おそらく日本国憲法において唯一、国際的普遍性を持つ〝憲法文化〟の貴重な発信源になってきたといえるであろう[25]。

日本特有「二権分立制」の再生

　かつてイザヤ・ベンダサンは有名な著作『日本人とユダヤ人』（1970〔昭和45〕年初出）の中で、ユダヤ人が「政治低能」であるのに対して、「日本人は政治天才」と評価し、その根拠を鎌倉幕府以来形成されてきた権威と権力との二権分立制、すなわち「朝廷と幕府の併存」制に見いだそうとした。この点に関するベンダサンの主張は、ほぼ次のようなものである[26]。

　　国家の統治には、一種の宗教的な祭儀が不可欠であることは古今東西を問わぬ事実である。しかし、祭祀権と行政権を分離させなければ必ず独裁体制が生まれる。その危険性は、ユダヤ人預言者ゼカリヤや『神曲』の著者ダンテによって警告されていたが、それはいずれも夢に終わった。

　近代的な三権分立制の前に、まず祭祀権と行政権の「二権分立制」が確立されなければならない。この「二権分立制」が欠如しているところで、形式的に三権分立制を構築しても全く無意味である。この理想的な「二権分立制」の政治体制は世界のどこにも実現せず、「朝

169

廷と幕府の併存」制という形態において日本にだけ実現した。シーザーも、クロムウェルも、ナポレオンも、毛沢東も、権力と権威を一身に担おうとして、結局、失敗した。鎌倉幕府の創始者・源頼朝は、祭祀と行政の分離をごく当然のこととして受け取り、幕府を厳密に実務的な行政機関にとどめて、祭祀の機能は朝廷に委ねて事足りる、とした世界最初の政治家である。ベンダサンは、この頼朝に始まる「朝廷と幕府の併存」制を次のように称賛する。

　　事実、祭儀と行政司法と宮廷生活とが混合していた中世ヨーロッパの政府は、「政府」などといえるしろものではなかった。それと比べれば幕府すなわちヨリトモ政府は、何とすばらしいものであったろう。おそらく当時の世界の模範であったに相違ない。これは絶対に私の独断ではない。少しでも日本の歴史を知っている外国人はみな同じ感慨を持つ[27]。

　朝廷に祭祀権あるいは栄誉権だけを与え、政治の実権は幕府が握るという二重構造の確立によって、日本政治の統治スタイルは確固とした安定を得た。明治以前の天皇制がなぜ長きにわたり存続したのかというと、古代の一時期を例外として、天皇が政治の実権を握らなかったからである。日本人は、「象徴」である天皇と政治の最高権力者とを分離するという日本独特の統治体制をすでに700年以上前から実現していたのである。

　すでに明らかなように、日本国憲法は、その成立期において、天皇制自体の廃止を意図していたのではなかったし、また、明治憲法のように天皇の下に権力と権威の一元化を目指したのでもなかった。日本国憲法の国民主権に基づく象徴天皇制は、象徴天皇の〝権威〟と国民主権の〝権力〟とを一応厳格に区分しながら、両者の共存と調和を予定したものであることを最後に確認しておきたい[28]。

【注】

（１）　例えば、河西秀哉『明仁天皇と戦後日本』（洋泉社、2016 年）2 頁以下

（２）　佐藤功「スウェーデンの象徴君主制」『上智法学論集』第 24 巻 3 号（1982
年）160 頁

（３）　西修 『ドキュメント日本国憲法 ― 極秘資料と新証言で綴る ― 』（三
修社、1986 年）149 頁

（４）　W.バジョット（小松春雄訳）「イギリス憲政論」『世界の名著 60 バジョッ
ト・ラスキ・マッキーヴァー』（中央公論社、1970 年）91 頁、100 頁

（５）　鈴木昭典 『日本国憲法を生んだ密室の九日間』（創元社、1995 年）
118 頁

（６）　新渡戸稲造（矢内原忠雄訳）『武士道』（岩波文庫、1938 年）34 頁

（７）　新渡戸稲造（佐藤全弘訳）「日本 ― その問題と発展の諸局面 ― 」『新
渡戸稲造全集』第 18 巻（教文社、1985 年）184 頁

（８）　津田左右吉「文学に現はれたる国民思想の研究 ― 平民文学の時代（下
― 」『津田左右吉全集』第 5 巻（岩波書店、1964 年）278 頁

（９）　津田左右吉「建国の事情と万世一系の思想」今井修編『津田左右吉歴史
論集』（岩波書店、2006 年）320 頁

（10）　入江昭『日米戦争』（中央公論社、1978 年）229 頁。廣部泉『グルー
―真の日本の友―』（ミネルヴァ書房、2011 年）238 頁

（11）　中村政則『象徴天皇制への道 ― 米国大使グルーとその周辺 ― 』（岩波
新書、1989 年）162-163 頁

（12）　岡本嗣郎 『終戦のエンペラー ― 陛下をお救いなさいまし ― 』（集英社
文庫、2013 年）9 頁以下

（13）　山極晃・中村政則編『資料日本占領１― 天皇制 ― 』（大月書店、1990
年）515 頁

（14）　山極晃・中村政則編　前掲書 463 頁

（15）　鈴木昭典 『日本国憲法を生んだ密室の九日間』（創元社、1995 年)
118 頁

（16）　鈴木昭典　前掲書 122-123 頁

（17）　吉田茂『回想十年』[第二巻]（新潮社、1957 年）32 頁

（18）　松村謙三『三代回顧録』（東洋経済新報社、1964 年）289-290 頁

（19）　松村謙三　前掲書 290 頁

（20）　憲法制定の経過に関する小委員会編『日本国憲法制定の由来 ― 憲法調
査会小委員会報告書 ― 』（時事通信社、1961 年）301 頁より再引

（21）　黒田勝弘・畑好秀編『昭和天皇語録』（講談社学術文庫、2004 年）
337 頁

（22）　幣原喜重郎『外交五十年 [改版]』（中央公論新社、2015 年）

232-233 頁

(23)　下條芳明『象徴君主制憲法の 20 世紀的展開 ― 日本とスウェーデンとの比較研究―』（東信堂、2005 年）124-125 頁

(24)　下條芳明　前掲書 58 頁

(25)　下條芳明　前掲書 125 頁

(26)　イザヤ・ベンダサン『日本人とユダヤ人』（角川文庫、1971 年）71 頁以下

(27)　イザヤ・ベンダサン　前掲書 75 頁

(28)　下條芳明「象徴天皇制 70 年 ― 日本特有『二権分立』― 」岐阜新聞朝刊「オピニオン」2015 年 6 月 24 日付

19世紀ヨーロッパにおける進化思想
― 聖書史観からの大転換 ―

岡嵜　修

福井で発見された恐竜の全身化石

　近年、恐竜展が各地で開催され、その異様にして特徴的な格好のためか、恐竜はとりわけ子どもたちの人気の的になっている。今では「恐竜文化」といった言葉もあるらしい。岐阜県に隣接する福井県では、2017 年に草食恐竜「ヘスペロサウルス」の全身の骨格が復元され、福井県立恐竜博物館で展示されることになった[1]。 本物の化石で復元された全身の骨格は世界でも珍しく、学問的にも大いに注目されている。

　恐竜の化石にこれほどの関心が寄せられる今とは違い、200 年前のヨーロッパでは、恐竜の存在はもちろん、「化石」の何たるかも理解されていなかった。神による天地創造を歴史のスタートラインに据える聖書史観が支配していた当時、生物の絶滅種などあり得ないと考えられていた。従って、その遺物たる化石もあるはずがなかった。このような時代にあっては、化石の研究以前に、化石の何たるかを認識することが先決事項であった。

　道路や鉄道の建設がなされるに伴い、発掘された化石の数が徐々に増えるにつれ、それらが絶滅生物の遺物と認められるようになった。ここから、それまで支配的であった聖書史観が浸食されてゆき、20 世紀には 140 億年の歴史を想定する、今日の宇宙観・歴史観への大転換が起きた。

恐竜はロンドン万博の目玉商品

　今でこそ、恐竜が子どもから大人までを広く魅了するに至ったため、恐竜や進化と聞いて何のことか分からない者はまずいない。それほど恐竜の存在は、現代人にとって身近なものになっている。だが、進化論に異を唱える者は、今の日本では少数者であっても、世

界的に見れば必ずしも少なくはないかもしれない。聖書の記述に誤りはないと信じるアメリカのファンダメンタリスト（聖書絶対主義者）が、学校での進化論の教え方をめぐり裁判に訴えているのは、その一例である。

　今から時代を200年ほどさかのぼり、進化という観念が唱えられ始めた時代を見ると、今とは全く事情が異なっていた。19世紀半ばの1859年、チャールズ・ダーウィンが『種の起源』を著すと、これが物議を醸した。それは、当時における世界観、歴史観が、現在のそれとは全く違っていたことに大きな原因がある。

　19世紀初めのヨーロッパでは、かつて恐竜が実在したなどとは全く考えられていなかった。それは、素人だけではなく多くの専門家も同じであった。当時における博物学の権威ジョルジュ・キュヴィエもその一人に数えられる。

　ダーウィンの進化論が登場した時代は、生物進化を当然視する歴史観を想定していたのでは、大きな誤解を招きかねない。当時はキリスト教信仰が科学の基礎にまで強い影響を及ぼしていたからである。

　　現在の地質学者は、これまでに動物種の99％以上が絶滅したことを知っている。……19世紀当時は化石の年代、つまり化石の生物が生きていた年代や死んだ年代を特定する方法もなかった[2]。

　唯一絶対の神が万物を創造したとする、キリスト教の天地創造論は、19世紀の欧米では、強い支配力を持っていた。それによれば、世界は紀元前4000年ごろに創造され、それ以後、ノアの洪水などの天変地異には、神の関与が不可欠と考えられていた。このため、

変化はあったにせよ、それは神がそう決めること以外に起こりようがないと考えられていた。

　このような前提の下では、進化思想が栄える余地などなかった。今日では、宇宙の歴史は 140 億年の長さといわれるが、地球の歴史を 6000 年と想定していたのでは、サルが人間に進化する余地さえないし、古代中国文明の歴史における位置付けさえ、定かにできなかった。

　だが、化石の研究などを通じ 19 世紀には聖書史観が崩れ、天地創造以前に長大な「先史」があったことが発見される。「歴史以前」という意味の「先史 prehistory」という言葉が英語文献に登場したのは 1851 年とされる。これが明治維新直前の時期であることを考えれば、19 世紀の欧米において聖書史観がいかに強い支配力を維持してきたかがうかがえる。

　「先史 prehistory」という言葉を用いた最初の人物は、1851 年、『スコットランドの考古学と先史時代の記録』というタイトルで書を著した、ダニエル・ウィルソンであろう。……従って、英語圏に「先史」なる言葉が初めて現れたのは、1851 年である。オックスフォード英語辞典には、この言葉がかなり一般的に用いられるに至るまでの段階が記されている。1871 年にはエドワード・タイラー卿が『原始文化』の中でこの言葉を用い、7 年後にはグラッドストーンがそれを用い、ついにはそれが周知の言葉となる。タイムズ紙は 1888 年に先史という語を用い、1902 年、雑誌『ネイチャー』がそれに続いた。

　イングランドだけではない。大陸諸国—フランス、スイス、ドイツ、スカンジナビア諸国、そしてイタリア—においても、先史が意識の対象とされ、人類の歴史研究において独立の領域

となったのは19世紀後半のことである[3]。

　歴史の奥に、いまだ知られざる長大な歴史があったことの発見により、自然や社会の歴史研究に一大変革が起きる。もちろん、先史がいきなり100億年規模で考えられたわけではないが、進化論が成り立つには、先史の発見は欠かせないものであった。

　ダーウィンが生物進化の原因と見なしたものは、生物の環境適応性である。自らを取り巻く環境が大きく変化した場合、それにうまく適応できた種だけが、後続する生物種の祖先になる。その原因がどうであれ、環境の激変に適応できず滅んでしまった恐竜は、絶滅種の一例である。このように生物種の大半が絶滅する中で、巧みにその危険をすり抜け、後世に子孫を残した生物だけが、新種の誕生となって今日の多種多様な生物種を成すに至ったとダーウィンは考えた。

　ダーウィンの進化論が物議を醸したのは、生物が神の関与なしに進化するという考えが、当時の聖書史観と衝突したことにあった。だが、ここから19世紀末に至るまでのヨーロッパでは、聖書史観から進化論的世界観への大転換が起きた。今日、多くの人に人気を博している恐竜の発見は、この転換の促進剤にもなったろう。

　かつて恐竜が存在したなどと口だけで言っても、そのサンプルもなければ相手にされなかったろう。だが、あの巨大で異様な迫力ある姿を目の当たりにすれば、「こんなものがいたはずはない」と断定できなくなる。1851年に開催されたロンドンの万博では、鉄とガラスで作られた当時としては最新の建造物、クリスタルパレスだけでなく、巨大な恐竜が化石から復元され、それを初めて目にする入場者の注目の的になった。

身を立て名を上げ

　ダーウィンの進化論は、主に生物の世界を対象としたものであった。ダーウィンとは別に、この種の考えが、ハーバート・スペンサーなどにより人間社会にも応用されると、「適者生存」のスローガンとともに、社会ダーウィン主義が大きな影響力を持つに至った。これは、自分の努力で苦難を乗り切った者が、生存闘争における勝者となり、敗者は余儀なく駆逐されることを正当化する根拠にもなった。

　これは、社会の底辺から身を興し、次いで事業などで成果を挙げ、ついには一大成功者として称賛されるという、アメリカン・ドリームを支える考えにもつながっている。ダーウィンがこうした意図を持っていたとは言えまいが、この考えは、多くの者を鼓舞する上で大いにもてはやされたし、実際にその成功者も現れた。長年続いてきた身分の縛りが解け、「身を立て名を上げ」という言い方が象徴する、19世紀の立身出世の時代に、これは格好の考えとして受け入れられた。

　だが、この観念が支配的になると、頑張った者が成功者になるという部分は良しとしても、同時にこれは、環境に適応できなかった敗者は怠け者に違いない、という決め付けも正当化することになった。自由と自律を殊のほか重視したこの時代の人間像では、地道な努力を通じ成功者になることが理想とされていたが、世の中は必ずしもそのように動くわけではない。偶然で宝くじを当てるラッキーな者もいれば、努力を重ねても恵まれない境遇から抜け出せない者も大勢いた。敗者を結果から推測し、怠け者のらく印を押したことで、社会ダーウィン主義は大いなる不評も買った。

　本来、理論は現実を描くための仮説にすぎないが、それをもっぱ

ら理論を頼り、実社会に容赦なく適用すれば、このような倒錯した結論を導くことになる。それ以前の時代には、神に見放されたことが落後者になる原因とされていたらしいが、社会ダーウィン主義の理論先行による現実無視も、人を納得させるには至らなかったろう。

19世紀のヨーロッパは、科学が日常生活面にも大きな影響を与え始めた時代である。それまで、ヨーロッパの大学では医学、神学、哲学、法学の4科目が中世以来の学の伝統とされてきた。これが、19世紀半ばにはニュートン力学の方法を借用し、快苦の指数を数値化しようとしたベンサム、頭蓋骨の容量を量って数値化する頭蓋学、さらに進化論を前提に人類の祖先を探る人類学や、生活様式や風俗習慣の違いの原因を探る文化人類学、社会学、歴史学、地層の序列を発見した層位学、法律学、犯罪学など、各種の科学研究が、個別科学として大学のカリキュラムに取り入れられ、科学研究が大規模に始まった時代でもある[4]。

地下空間には、今でも薄暗いイメージが付きまといがちであるが、科学研究によりもたらされた新たな知識は、それまで闇に包まれていた地下世界のイメージも一変させた。

19世紀には、それまでのし好とは全く異なる、新たな地下物語も書かれるようになった。つまり地下世界は単なる旅行先ではなくなり、生活の場となった。

……地下で永いこと暮らすという考えは、近代の科学・技術に伴って出現したものである。科学知識が発展するにつれ、地下内部に隠れた世界を発見するというアイデアはますます信じられないものになった。これとは逆に、ますます信じられるようになったものは、技術が進むにつれ、地下内部の世界を建設するという新たなアイデアである[5]。

このように、19世紀における諸科学の発展が、日常生活の面でも世界観、歴史観の面でも、それまでの考え方を一変させたのである。

現代のインフラなき時代

19世紀は、科学研究とともに、資本主義が急速な発展を遂げた時代である。この資本主義も、社会や生活のありようを、それ以前の時代とは一変させた。

現代の文明国では、電気・ガス・水道などのインフラ整備は、大都市では相当の程度まで行き渡っている。スイッチ一つで明かりがともり、ボタン一つで暖房にあずかれる。リビングルームでは、テレビを見ながらスマートホンも操作する。現代人にとって、これが当たり前の生活になっているが、まさにこれは、19世紀以後、資本主義の発展によりもたらされた、文明の恩恵にほかならない。

ここで目を転じ、18世紀末、欧米の農村社会の生活をのぞいてみよう。そこには、現代人が恩恵に浴しているものがほとんどない。まず電気がなかった。これで、現代の文明社会の恩恵の大半が吹き飛んでしまう。テレビや冷蔵庫はもちろん、パソコンやスマホなどの通信機器も全く使えない。今のような夜間照明もなければ、人に代わって力仕事を引き受ける機械類もほとんどない。

物資の陸上輸送も、徒歩を除けば、馬を使うしかなかった。自転車もない。馬を利用しても、配送し終えるまでに長い時間を要した。蒸気機関は、石炭採掘のため18世紀には実用化されていたが、それが石炭採掘から転じ旅客鉄道として実用化されたのは、19世紀に入ってからである。蒸気機関車は、「鉄の馬 iron horse」とも呼ばれた。この言葉には、それまでの馬に代わり、燃料をくべれば疲労することなくいつまでも走り続ける姿を見た者の、文明に対する

期待と脅威の念が表れている。

　電気がなければ照明も乏しい。動物の脂を用いたランプを多数備えたパリなどの都会はともかく、農村では今のようにスイッチ一つで明かりをともすわけにはいかない。明かりはまきか油に頼るしかなかった。村中を明るくする方法などもちろんなく、新月の夜など、周囲一帯は真っ暗闇であったに違いない。都会のランプ照明も、月夜の晩には休みとなり、月が沈むと、パリも「最も危険な暗黒の中に完全に埋没」してしまったという[6]。

　水は、蒸気ポンプを用いてくみ上げていた地域もあったらしい。だが、どこでもそれを利用できたわけではない。そのような手段がない所では、近くの川から人力でくみ上げ運ぶしかなかったろう。その安全性も、保証の限りではない。

　知識の面でも、当時は今とは全く異なっていた。近代医学がまだ整わなかった時代には、ダニエル・デフォーの『ペスト』に見られるように、疫病がはやってもそれへの対処法もなく、ひたすら運を天に任せるしかなかったろう[7]。　近代医学の開祖の一人といわれるナイチンゲールが、クリミア戦争の際に看護婦としてやったことは、テント張りの野戦病院の窓を開け風通しを良くすることと、患者に用いるガーゼの使い回しを禁じたことくらいである[8]。　当時は、微生物が病気を媒介することがまだ知られていなかった。そのような知識をもたらした近代医学が誕生するのは、ルイ・パスツールの時代、19世紀後半である。

進化思想の法への影響

　このような18世紀末の農村の日常生活を想像してみれば、高度に文明の発達した現代のビジネス社会とは、状況がかけ離れていたことがよく分かる。これは文明が発達したことだけに帰せられるわ

けではなく、その土台にある社会観、歴史観が違うことも見逃すわけにはいかない。このため、現代の高度文明社会にも、文明社会ならではのさまざまな問題はあるが、歴史を200年ほどさかのぼっただけで、今日の常識は全く通用しなくなっている。

　そもそも、18世紀の終わりごろまでは、法は神のものとされ、人間の立法で社会を変えられるという観念もなかった。当時は、まだ万事が神の御業とされていた時代である。

　しかも、身分の支配が続いていた段階では、国民全体に共通の法など作れなかった。身分支配の残滓に加え、19世紀に資本主義が発達させる輸送網もなかった時代には、法に関しても狭いエリアだけで用いられる地域の慣習法があればほぼ事足りたであろう。

　このようなところに、現代のビジネス社会を想定した近代法を適用できるはずがない。狭いエリアから抜け出すことが困難で、顔見知りの関係が人間関係の大部分を占めていたと思われる時代に、顔も見たことのない相手と平然と取引をする状況は、かなり限られていたろう。このような時代から、19世紀には社会状況と思想上の一大変化が起き、それらを経て今日の高度文明社会が誕生したのである。

　ヨーロッパでは、19世紀に入り法典熱が高まる。それは国民国家を促す動機と絡んでいたが、その観念の高揚だけで国民国家ができるわけではない。それを実現するには、インフラの整備も含め、周囲の生活状況とそれを支える思想状況の一変が関わっている。新たな時代には、それ以前の時代の法とは違った、新たな法が必要になった。これが、市民社会を取り仕切る、近代法といわれるものである。

　かつての農村社会は、家族をモデルにした社会で十分に対処できた。その地域を支配していた領主から下々の者に至るまで、身分の

支配を前提に人間集団を血縁モデルで把握することが、長年の伝統でもあった。

　だが、近代法を適用する社会は、これとは大きく異なる資本主義の社会である。それは、ビジネス社会である。そこは、自給自足の農村社会とは異なり、誰もが己の財をもって市場に参加し、己の一存で財を処分し、さらなる富の獲得を目指す社会である。それは、飢饉の時も皆で食料を分け合い、共に生き延びることを目指した共生的な社会とは、全く違った社会の構成原理を必要とする。

　この違いを踏まえ、近代法が生まれた。現代人は、この近代法を当たり前と心得ているが、これは自然でも当然でもなく、極めて人為的なアイデアの下に構成された法である。村落共同体のおきての方がよほど自然ともいえる。

　共同体の観念を意図的に排除し、個人を際立った社会単位として据え直し、その個人に市場で財を処分するためには、権利能力、所有権の絶対、契約の自由という三つの要素が法的に必要になった。

　このような状況の変化を、イギリスの歴史法学者ヘンリー・メインは、身分から契約へという言い回しで表現している。

　　進歩的社会の動きを際立たせているのは……家族への依存を徐々に解消し、個人の義務を成長させたことにある。家族に代え、個人が市民法の上の単位と考えられるようになってきた。……起源を家族［身分］に持つ権利・義務の相互的依存形態に代わり、徐々に姿を現すようになった人と人とを結ぶ絆が……契約である。……あらゆる人間関係が家族関係に帰する社会状況から、それが個人の自由な合意により生じる社会に向け、われわれは着実に変化を遂げてきたと思う。……進歩的社会のこうした動きは、「身分から契約へ」の動きであるといえよう[9]。

183

メインは、社会にも進歩的社会と停滞的社会とがあるとし、前者に主に欧米社会を入れ、後者にはアジア諸国を入れている。このくだりは、ヨーロッパ進歩的社会の概略を述べたもので、これを地球上の全社会に当てはまるといっているわけではない。だが、欧米社会に関する限り、「これまでのところ」、このように社会は変化してきたという。

　メインが、ダーウィンの書を直接に読んだ形跡はない。それでも、『古代法』が著された19世紀半ばの知的雰囲気は、そこに色濃く表れている。それは、メインの書に序文を寄せたポロックのくだりを見れば明らかである。

　　メインが生み出そうとしたものは、法の自然史に他ならなかった。彼が指摘したことは、生物における属や種と同じように、法概念や法制度がこれまで実際に発展してきたということ、しかも発展の各段階で、これらの概念や制度がその段階に特有の性質を示していたということである。同時に彼は、これらの発展過程が……社会の歴史一般の中において、単なる偶然の出来事と見られてはならないことも明らかにしたのである[(10)]。

　法の基礎研究には、その法を生み出した時代、当時の社会条件の研究が不可欠である。いつの時代であれ、それらと無関係に、いかなる法でも適用できるわけではない。欧米の近代法も、なぜ18世紀にそれが生まれなかったかを、そのような視点から考えねばならない。そこには時代精神の他に、今の時代には当然あっても、200年前にはなかったものが含まれる。それらを視野に入れなければ、真に迫る時代の再現は容易ではないだろう。

【注】

（ 1 ） http://www9.nhk.or.jp/kabun-blog/200/262123.html
（ 2 ） ディヴィッド・モンゴメリー／黒沢訳『岩は嘘をつかない』97-98 頁 (2015, 白揚社)
（ 3 ） Glyn Daniel and Colin Renfrew, The Idea of Prehistory, (1988, Edinburgh University)
（ 4 ） 「18 世紀になると、社会哲学者たちは、人間社会には極めて多様な形態があることに気付くようになった。……哲学者たちは、人類の起源に関心を持ち、社会は連続的に進歩するという点を強調し、好んで歴史発展の図式を引いた。だが、それは、ヨーロッパ社会の直接の祖先であるギリシャ・ローマまでさかのぼるものが大半で、人類全体の起源や先史学を扱うものではなかった。……19 世紀には地質学と考古学が発達し、人類史の長さに関する旧来の見方が正される。」M・S・ガーバリーノ『文化人類学の歴史』48-49 頁（1987, 新泉社)
（ 5 ） ロザリンド・ウィリアムズ／市場訳『地下世界』22-23 頁 (1992, 平凡社)〔一部訳文を変えた〕
（ 6 ） メルシェ／原訳『18 世紀パリ生活誌』（上）123 頁 (1989, 岩波文庫)シベルブシュ／小川訳『闇をひらく光：19 世紀における照明の歴史』(2011, 法政大学出版局)
（ 7 ） ダニエル・デフォー／平井訳『ペスト』(1973, 中公文庫)
（ 8 ） ナイチンゲール『看護覚え書』(2011, 現代社)
（ 9 ） Henry Maine, Ancient Law, ch.5
（10） Maine, Ancient Law, xiv. フレデリック・ポロックによる序文

【参考文献】

A・N・ホワイトヘッド／上田・村上訳『科学と近代世界』（1986, 松籟社)

ピーター・ボウラー／岡嵜訳『進歩の発明：ヴィクトリア時代の歴史意識』(1995, 平凡社)

デニス・ディーン／月川訳『恐竜を発見した男：ギデオン・マンテル伝』(2000, 河出書房)

スティーブン・グールド／鈴木・森脇訳『人間の測りまちがい』(1989, 河出書房)

吉川惣司, 矢島道子著『メアリー・アニングの冒険：恐竜学をひらいた女化石屋』(2003, 朝日選書 739)

岡嵜修『レッセ・フェールとプラグマティズム法学』（2013, 成文堂)

ディヴィッド・モンゴメリー／黒沢訳『岩は嘘をつかない』97-98 頁 (2015, 白揚社)

ドイツの大学事情
— 岐阜からドイツへ、そして岐阜を拠点に憲法を語る —

齋藤　康輝

はじめに

　今回、朝日大学法学部の植木哲教授のご紹介により岐阜文化フォーラム論文集に寄稿させていただくことになった。私は現在、日本大学法学部で教えているが、朝日大学法学部に 2004（平成16）年 4 月から 2015（平成 27）年 3 月までの 11 年間在職し、大変お世話になった。朝日大学は私にとって大切な古巣である。本論文集には、植木先生をはじめ朝日大学の多くの先生方の玉稿が収録され、さらに私が長年にわたって講師を務める岐阜新聞・岐阜放送「カルチャーアカデミー・コミュニケーションカレッジ」や岐阜日独協会でご縁のある青谷さんも執筆陣に加わっている。さらに、当フォーラムにおいては、カルチャーアカデミー会員の野原さんや玉田さん、林さんも参加してくださっていたことなどを思い出しながら、強い絆で結ばれたご縁を前に、ひたすら感謝の念をもって筆を執らせていただく。

　さて、当フォーラムには設立時から参加し多くの方のお話を拝聴してきたが、私自身の報告の機会はなかったため、朝日大学に、そして岐阜新聞社に対する恩返しのつもりで、朝日大学在職中 1 年間ドイツに滞在したときの話を奉じたい。私は、2008（平成 20）年 9 月 1 日から 2009（平成 21）年 8 月 31 日までの 1 年間、長期海外研修（在外研究）の機会をいただき、ドイツ連邦共和国ニーダーザクセン州のゲッティンゲンに滞在した。本稿は、自分の経験を基に、当地において直接目にした現在の「ドイツ大学事情」を紹介するものである。

ゲッティンゲン大学

　ゲッティンゲン大学は、ハノーファー選帝侯ゲオルク・アウグス

ト、後の英国王ジョージ2世によって1737年に創設され、この創設者の名にちなんで正式名称はゲオルク・アウグスト大学（Georg-August-Universität Göttingen）という。現在までドイツ最大の40名超のノーベル

ゲッティンゲン大学法学部

賞受賞者を輩出しており、出身著名人は枚挙にいとまがない。ガウス、リーマン、クラインなどの数学者がとりわけ群を抜いているが、哲学ではフッサール、物理学ではハイゼンベルク、プランク、法学ではイェーリング、神学ではカール・バルトといった学者がここで教えた。

　また、コッホやフレーベル、ショーペンハウアー、ハイネ、オッペンハイマー、フンボルト、ハーバーマスなどもこの地で学んだといわれる。ドイツの有力政治家も数多く輩出し、鉄血宰相ビスマルク、シュレーダー第7代連邦首相、ヴァイツゼッカー第6代連邦大統領もゲッティンゲン大学で学問を修めた。

　明治時代の日本人の留学生はゲッティンゲンに「月沈原」という漢字を当てた。本当に、ここは「緑豊かでメルヘンの香り漂う学術の町」で、田舎なのに都会的、水はハルツ山地の自然の恵みで超美味、治安も良く、子育ても不安なし！　一度住んだら皆その魅力に取りつかれてしまう。ゲッティンゲンには、マックス・プランク研究所も数多くあるため、世界中から研究者が集まって来て、町の中は教授や若手研究者、学生が多かった（市の人口12万人のうち、3万人ほどは大学関係か研究者）。ゲーテ・インスティテュート（語学

学校）もあり、勉強するための町といえる。

(蛇足1）ちなみに札幌農学校初代教頭ウィリアム・スミス・クラークもここに留学してい

ゲッティンゲン大学中央図書館

た。彼は、「少年よ、大志を抱け！」という言葉を残したとされているが、ゲッティンゲン市内にあるレリーフには「少年よ、野望を持て！」という意味のドイツ語が書かれている。日本で定着した翻訳は有名だが、若干ニュアンスが違うかな、と思った。

　さて、いよいよ法学部の紹介をしよう。イェーリングの流れをくむ学者も多いようだが、公法分野では、なんといっても20世紀の憲法学をリードしたライプホルツ (Prof.Dr.Gerhard Leibholz)、そしてその後はシュタルク (Prof.Dr.Christian Starck) が有名である。（私がお世話になったシュタルク教授は、第一線を退いて学術アカデミー総裁として活躍し現在は引退しているが、同教授の下にはこれまで多くの憲法学者が日本はじめ世界各国から在外研究に訪れた。）また、刑法のシュライバー (Prof.Dr.Hans-Ludwig Schreiber) 研究室は、大学構内に一つの校舎を持ち、世界中の研究者を集めて共同研究を行っていた。私が滞在している間にも、日本を代表する刑法学者が3人在外研究に来ていた。

　ところで、ゲッティンゲン大学を象徴する出来事をご存じだろうか。だいぶん昔の話だが、1837年にハノーファー選帝侯エルンスト・アウグストの政策に異議を唱えた7人の教授が追放ないし免職となった事件は、「ゲッティンゲン七教授事件」（ゲッティンガー・ジーベン）として知られ、大学の自治権の歴史の中で特記すべきものだ。7人の教授の中にはグリム兄弟や物理学者ヴェーバーも含まれていた。

ドイツの大学事情

このような歴史を持っているためか、ゲッティンゲン大学にはなんとなく革新的な雰囲気がある。そういえば、かつては緑の党の拠点にもなっていた。
(蛇足2) ゲッティンゲン大学で博士号を取得した人は(女性も男性も)、ラートハウス(市庁舎)前にあるガチョウ娘リーゼル(Gänseliesel)にキスを贈るという風習がある。え、こんなにたくさん博士がいるの、と思うくらいよくその光景を目にした。

ガチョウ娘リーゼル

ドイツでの研究生活
ドイツの研究室

　日本の大学教員がドイツに1年程度在外研究に行く場合、いろいろな研究目的があると思うが、ドイツの博士号は、ドイツで自立して研究活動が行えることが証明できなければ修得できないので、たとえば私のような者にとってはいばらの道だ。

　しかしながら、日本人にも努力家(あるいは天才?)はいるようで、現地の人から「日本でドイツの指導教授とコンタクトを取りつつ博士論文を仕上げ(当然ドイツ語か英語)、最後の試験(口頭試問)だけ渡独し、ドイツで博士論文を出版してドイツの博士号を取った人もいる!」という話を聞いた。

ドイツの研究室

　亀の歩みでも、一歩一歩着実に頑張ろう、とその話を聞いた直後に決

191

意したが、帰国して講義・学務等に追われる日々の中、だんだんその気持ちが揺らいでいる。

ドイツの図書館

　さて、研究拠点といえば、なんといっても図書館である。ゲッティンゲン大学法学部の図書館は、平日は 24 時まで開いていて、深夜でも学生や研究者たちが利用する姿が見られる。中には、ビールやワインを飲んだ後に勉強をするというつわものもいた。休日も開いているが、日曜日はさすがに利用者は少ない。

　日本と違う光景はというと、やはりドクターアルバイトの人たちの勉強ぶりだ。多くの一般学生は日中カフェでお茶してばかりという雰囲気なのに対し、彼らは一日中図書館や研究室にこもり、たくさんの文献に当たり、パソコンに向かっていた。キーボードをたたく音が強烈で怖いくらいだった。集中的に勉強し、余暇はしっかり楽しむ、そんな感じかもしれない。

ドイツのゼミナール

　次に、ドイツの大学のゼミナールについてお話ししよう。私が参加したゼミは、基本的に日本と同じようなものだが（それを日本がまねたともいえる）、「正・反・合」の弁証法的スタイルでの激論は延々といつまで続くのか……終了時刻があってないようなものだった。19 時開始のゼミというのもあった。

　ゲストプロフェッサーとして在外研究する場合、一般に、教員同士の研究会で報告しなければならない。私は、自分の専門テーマ以外に、「日本の法制」について報告してほしいというリクエストに応え、日本の憲法史や天皇制、その他統治論について何度か報告した。特に、日本の「裁判員制度」についての関心が高かった。

視察

 ところで、私は数多く、法学関連施設に足を運んだ。例えば、ベルリンの連邦議会（公聴会の傍聴）、ハイデルベルクのマックスプランク外国公法・国際法研究所、カールスルーエの連邦憲法裁判所、ニーダーザクセン州裁判所、地元の行政官庁、法律事務所、刑務所などである。また、フランス・ストラスブールの欧州人権裁判所を訪問し、国際人権に関する判例の勉強もした。

 公聴会傍聴については、ゲッティンゲン大学法学部のデュトゥゲ (Prof.Dr.Gunnar Duttge) 教授（刑法）に大変お世話になった。彼は、妊娠中絶関連の法改正を議論する公聴会で参考人 (CDU/CSU 招請) として意見陳述するに当たり、私にその傍聴を勧めてくださり、ベルリンまで同行してくれた。

連邦議会公聴会

ドイツの教授

 ドイツの大学教員は、「教授」(Professor(in)) というポストだけがあって、あとは講師 (Dozent(in)) だ、という説明をよく聞く。そして、ドイツにおける教授就任の平均年齢は 40 歳ごろといわれている。これは、ドイツで大学教授を目指す研究者は博士号を取った後さらに十分な研究実績を挙げ、大学教授資格（ハビリタツィオーン）を取る必要があるためだ。

 ところが、2002 年以降、新高等教育大綱法による新制度により、日本の「准教授」(「助教授」) に相当するユーニオア・プロフェッサーというポストが新設された。博士号を取得したばかりの若手研

究者（35歳以下）に教授並みの資格を与え、ユーニオア・プロフェッサーとして、教授会への参加、研究費の申請、博士論文の主査など、教授と同様の権利を与えるという制度に変わった。彼（女）らは、最低週6時間の講義、修士および博士論文の指導、研究室の予算管理、学部運営など、教授と同等の仕事をする。ただし、ユーニオア・プロフェッサーが通常のプロフェッサーと異なるのは、最大6年の任期制であることで、実際は当初3年の成果により6年在籍できるかどうかが判断される（講義などの教育面、論文数などの研究面、研究費の取得状況などによる総合評価が行われる）。大学によって事情が異なるようなので、あくまでご参考まで。

　いずれにせよ、ドイツで、「教授」(Prof.Dr.) といえば、日本と違って（？）世間でものすごく尊敬される職業といえる。弁護士 (Rechtsanwalt) より上なのはもちろん、医者 (med.Dr.) や政治家 (Politiker) よりも大学教授の方が格段に高く評価される（ただし、医学部の教授や Staatsmann といわれるような立派な政治家は別）。実務者以上に「ものを考える（思考する）」系の職業に就いている人が尊敬される国！ それがドイツなのだ。

ドイツの大学生

　さて、これからはドイツの大学生の勉強ぶりと、大学生の視点に立って、ドイツの大学について話そう。

学費が安い！

　ドイツの大学はほとんどが国立（教育は州レベルの行政）で、「すべての国民に平等に学ぶ機会を与える」という趣旨の下、原則として「学費がただ」である。学生が払う必要のあるお金は、学生会費の150ユーロ（2万円）ほどだけである。ただし、最近は、授業料を取るところも出始めた。それでも1ゼメスター(学期)500ユー

ロ（7万円弱）程度なので、バイトをすれば、ほぼ大学生活に必要な費用を自分一人で捻出できる。

　卒業までに要する年数は人によってまちまちだが、6年〜7年で卒業する学生が多いようだ。ドイツの大学は、「学位」取得が卒業の要件で、日本でいうと大学院修士課程修了と同じだと考えるとよいかもしれない。10年くらいかけて卒業する人もたくさんいる。

休みがとっても多い！

　ドイツの大学の夏休みはとても長い。州にもよるが、7月半ばから10月半ばまたは10月末まで夏休みだ。そして、その他にも、復活祭や聖霊降臨祭などで2週間ぐらいは休みになる。春休みは、2月半ばから4月半ばまで。その前にクリスマス休暇だってある。ドイツの大学生は、大学に行く合間に休みがあるのではなく、休みの合間に大学に行っているような感じだ。

カリキュラムと試験

　ドイツの大学には在学年数制限がなく、カリキュラムも自分の好きな専門科目を集中して履修する方式なので、一見楽に見える。ところが、実際は、科目試験に合格するため、相当勉強しなければ単位は取れない。私は、ドイツ滞在中、学内掲示板で「落第名簿」の張り出しをよく見た。もちろん、先生によって評価が甘かったり厳しかったりいろいろだと思うが、総じて、卒業は簡単ではない！それがドイツの大学だ。だからこそ、ドイツで「大卒」という学歴は、価値のあるものといえる。

外国人

　ドイツの大学にはたくさんの外国人がいる。ヨーロッパの大学には中世に創立された大学が多くあるが、学問をする環境が良いこと、地理的要因、伝統の重み、そして学費が安いという点が魅力なのか、ヨーロッパをはじめ中東、アジアなどから多くの学生がドイツを目

指してやって来る。最近は、アジア、特に中国や韓国、ベトナムの学生が多いようだ。日本人は、正規入学の学生は少ないものの、短期の語学留学で来ている学生はたくさんいる。

楽しい寮生活

ドイツには、たくさんの学生寮がある。日本と違って、ドイツでは大都市に立地する大学は少なく、多くの大学は田舎にあって大学町を形成している。ほとんどの学生は下宿し、猛烈に勉強し、よく飲み（もちろんビールやワイン）、よく遊ぶ（サイクリング、クルマ＝アウトバーン疾走（?）、各種スポーツ活動、自然との触れ合い、恋愛など）のである。

週末、学生たちがわいわいがやがやと酒場で議論したり、歌を歌ったりして楽しんでいる光景をよく見かけた。寮でもどんちゃん騒ぎをしていた。普段のまじめぶりからは意外な感じだが、そういうのがドイツの若者気質なのかもしれない。

ゆったりとした時間

緑豊かな森に囲まれ、中世の趣を感じる古いお城があり、素晴らしい自然の中で暮らすドイツの学生たち。当然、治安も良い。そこでは、彼（女）らの魂の源ともいえる教会があり、心に響く教会の鐘が定期的に鳴り響き、ゆったりとした時間が過ぎていく。皆、あくせく動き回るのではなく、精神的にゆとりのある生活をしているように見える。日本とは、時計の針の進み方が違うのではないかという錯覚に陥るくらいだ。まさに、この「ドイツ時間」とともにドイツの大学生は学問に没頭していくのだろうか。

あとがき

海外研修（在外研究）という大変ありがたい貴重な時間を与えてくださった朝日大学の皆さまに対し衷心より感謝申し上げます。ま

た、岐阜日独協会や岐阜新聞・岐阜放送カルチャーアカデミーの関係者にも御礼申し上げます。最後になりましたが、岐阜文化フォーラムを主宰し、拙稿の掲載をお許しいただいた学兄の植木哲先生に深甚なる謝意を表します。

【付記】
　私は、長年にわたり毎月1回岐阜駅前で、岐阜新聞・岐阜放送カルチャーアカデミー・コミュニケーションカレッジという一般市民対象の講座の講師として、「憲法の条文を口に出して読んでみよう！」という授業を担当している。その内容は、岐阜新聞のホームページにも掲載されている。以下に、授業の一例を紹介する。

世界の憲法を学ぶ（その1）
― 護憲、改憲論議の前に「知憲」 ―

　憲法は国の最高法規であり、統治原則と人権保障について定める大切な決まりである。多くの人はこのことを理解しているが、同時に自分たちの生活とは無縁で、憲法の存在を縁遠いものと感じている。

　私は、憲法学者として日々大学生や市民の皆さんに憲法を講じているが、「憲法は難しい」というイメージを払拭するための試みをしており、時折、世界各国の憲法条文を紹介している。特にわざと面白い条文を取り上げ、へえそうなんだ、とびっくりしてもらうのだ。これからいろいろな国の憲法をつまみ食い感覚で楽しんでもらいたい。そして、日本の憲法との共通事項あるいは相違を確認し、それぞれの国の憲法の雰囲気（文化）を感じてほしい。

　さて、1回目の今回は、憲法第1条について学ぼう。何でもそうだと思うが、一番初めに出てくる言葉はたいてい大きな意味を持っており、憲法という文書も同じである。多くの国で憲法前文と第1

条は、その国の歴史や国家体制（共和国、民主主義国など）を宣言しているが、その国の国柄をほうふつとさせるユニークな規定を置いている国もある。

　例えば、ドイツの憲法（連邦共和国基本法）第1条は、「人間の尊厳は不可侵である」と規定している。この条文は、かつてナチスの独裁によって民主主義を否定し、罪のないユダヤ人などを迫害したドイツの負の歴史に対する反省からできたものである。また、オランダの憲法第1条は、「同一条件のもとでは皆平等である」と定める。これは、迫害を受けて移住した人たちが多い同国の伝統を踏まえた規定だ。その他、「労働者階級の指導する労農同盟を基礎とした人民民主主義独裁国家である」（中国）、「立法権は、すべて合衆国連邦議会に属する」（米国）、「民主主義は言論の自由と普通平等選挙権に基づき代議制と地方自治を通じて実現されなければならない」（スウェーデン統治法典）など憲法第1条を見ればその国のかたちが見えてくる。

　もちろん憲法は普遍的な文書であるが、それぞれの国の独自性を反映することは自然なことだと私は考えている。明治期に伊藤博文が欧州の憲法を積極的に学ぶため視察に出掛けた際、ウィーン大学のシュタイン教授にこう諭されたという。「あなたの国の憲法は、あなたの国の歴史と伝統に立脚していなければならない」。

　彼の帰国後作られた明治憲法、そして戦後の日本国憲法の第1条をぜひ読んでもらいたい。そこには日本の国家統治の原点が定められている。近代日本が掲げた二つの憲法の第1条は、天皇主権、そして国民主権と象徴天皇制だ。種々議論はある。ともに近代以降の日本の歴史と伝統を体現してきたものといえるか皆で考えたい。

鷗外の恋人・エリスは
どのような人であったのか？

植木　哲

鷗外『舞姫』のあらすじと登場人物

　主人公の太田豊太郎は、帝国日本の某省からドイツのベルリンに派遣され現地で調査事務に当たっていた。公務の合間、許しを得て大学で法学を学んでいる内にドイツの大学の持つ「自由なる風」に触れ、日本の官僚としての「所動的・器械的」生活に疑問を持つようになる。自分の奥深くに沈んでいた「まことの我」に気付いたのである。そんなある日、不遇の底にある踊り子・エリスに巡り合った。

　２人の関係は、当初、豊太郎のエリスに対する同情から出発したが、次第に恋愛関係へと発展していった。そのことは、かねてより酒も飲まず遊びにも付き合わない豊太郎のことを快く思っていなかった留学生仲間から本国の長官に悪意をもって告げられ、官職を辞めざるを得なくなった。豊太郎は友人相沢謙吉の計らいで日本の新聞社の通信員として働くことになるが、その間、エリスの実家に寄寓し、つつましくも幸せな生活を送っていた。

　友の前途を憂えた相沢は、欧州視察で同行した天方伯のロシアでの通訳を豊太郎に手伝わせ、大臣にその能力を認めさせるとともに、豊太郎をいさめて官職の道に戻るべくエリスとの決別を説いた。

　故郷を思う気持ちや栄達を求める心とエリスへの愛情に引き裂かれ、苦悩する豊太郎だったが、ついには別れることを決意。相沢からそのことを聞いたエリスは、赤子を身ごもったまま発狂（パラノイア）し、豊太郎は変わり果てたその姿に慟哭する。けれども、病気のエリスと胎内の子を残したまま日本に帰る決心が覆されることはなかった。

　物語は主人公の独白、「嗚呼、相沢謙吉が如き良友は世にまた得がたかるべし。されど我脳裏に一点の彼を憎むこゝろ今日までも残れりけり」で幕を閉じる。

エリスは、ヴィクトリア座の踊り子で、ブロンドの髪の 16、7 歳の乙女。その家族構成は仕立物師をしていた父エルンスト・ワイゲルト（死亡）と母であり、豊太郎とエリスはベルリンの場末にある 300 年の歴史ある教会前で出会ったことになっている。

鷗外のベルリンにおける実体験と
実在のドイツ人の入・出国

鷗外（森林太郎の隠し名）は東大卒業後、陸軍省に勤務する傍ら、1884（明治 17）年にドイツに留学し、その後半の大部分、1 年半にわたりベルリンで過ごした（当時 26 歳）。彼は歴史的にも名のある教会の付近で 3 回も下宿を替えながら、コッホの研究室でアルコールの利尿作用に関する研究を行いつつ、もっぱらフランス語を学んだり、軍服を新調したり、また年末を友侶（？）と過ごしたりして（『ドイツ日記』）、大いに自由を満喫していた。

鷗外は、帰国に際し上司である石黒忠悳に、オランダからフランスに向かう途中の列車の中で、ある人（愛人あるいは恋人）がドイツ船で日本に向かっていることを告白。上司からはベルリンを離れるとき女性関係を清算してこなかったことを叱責された。鷗外の乗ったフランス船は 1888（明治 21）年 7 月 29 日にマルセイユを出発し、小説冒頭の独白にある展開を見せながら 9 月 8 日に横浜港に着岸した。

他方この謎の女性は、ドイツ船で 9 月 12 日に横浜港に入り、1 カ月近くを築地のホテルで過ごしている。鷗外との再会を喜びながらも、暫時森家との対立が表面化する中で、鷗外からの別れ話に腹を立て、「踊りもするが、手芸で身を立てる！」とたんかを切って日本で自活すると言ってのけた。しかし、次第に自分が森家内で歓迎されていないという現実を悟り、鷗外と結

ばれることを断念。彼女は、10月17日に同じドイツ船に乗り込み、最後はいささかアッケラカンとした表情で日本を去ったといわれている。誰かが手切れ金でも用意したのであろうか？

帰国後の鷗外は、1889（明治22）年3月、一族の長である西周の勧める縁談を受け入れ、西のオランダ留学時の同期であった赤松則良海軍中将の娘・登志子と見合い結婚するが、長くは続かず1年余りで離縁。長男を引き取り独り身となるのである。このような状況下で1890（明治23）年1月にドイツ三部作の一つとして『舞姫』が発表されるのであるが、『舞姫』出版の裏にはいわく言い難い因縁のようなものが感じられるのである。

エリスに関する諸説

小説『舞姫』のエリスと実在の謎のドイツ人女性との関係は明らかでない。また小説と事実は同じではないであろう。しかし当時のドイツにはイッヒ・ロマン（吾は小説の主人公なり！）という言葉があったことに鑑みると、鷗外はベルリンにおける自己の恋愛体験を小説の一部に取り込んだと言ってもあながち間違いではなかろう。

このためエリスと、鷗外の帰国に合わせて別便で日本に来たこの謎のドイツ人女性の姿が合わせ鏡のように二重写しとなるのである。エリス探しに躍起になっていた歴代の鷗外研究者から本命視されたのも無理もないことであった。

エリスについては諸説があるが、代表的には、①「いかれた女の子（文盲痴騃の識見・志操なき人）」説、②「路頭の花」説、③「娼婦・現地妻」説、④「結婚相手」説、⑤「踊り子」説、⑥「下宿の娘」説、⑦「ユダヤ人の娘」説、⑧「普通の恋人」説とこれまであまた報告されてきた。肝心の鷗外はこれについては何も語っておら

ず、死の直前、自分の目の前で2番目の妻・志げに写真や手紙などの証拠となるもの全てを焼却させたといわれる。このため謎が謎を呼ぶことになった。

来日したドイツ人は誰か？

来日したドイツ人女性の氏名は明確となっている。当時横浜で外国人を相手に発行されていた英字新聞「ザ・ジャパン・ウィークリー・メイル」があり、これに記載されているためである。今も横浜開港記念館において現物を確認できる。

その新聞には、外国船の出入港に関する記事が掲載されており、1888（明治21）年9月15日に入港したドイツ船の入国者の中には、Miss Elise Wiegert の名前がある。出国に関する出航船の記録（10月20日）にも、Miss Wiegert と記載されている。これにより鷗外に前後して一人の謎のドイツ人女性（独身）が日本へ来たことは明白な事実と言ってよい。

ここで二つの推論が成り立つ。一つは、『舞姫』の主人公・エリスは、実在した Elise をモデルにしたのではないかという推測である。「小説」には記録という東洋的意味と、想像という西洋的意味が含まれるが、鷗外はエリスという日本人になじみやすい名前を用い、実在の Elise を連想させることを意図していたと考えれば、両者の関係性（同一性）は疑いのないものとなろう。

もう一つは来日した女性の姓（氏）についてである。先の新聞では、Wiegert と記載されているが、「ザ・ジャパン・ウィークリー・メイル」と同じ系列の新聞で、香港で発行されていた「ザ・チャイナ・メイル」によると、同じドイツ船が香港に入港した9月5日付の記事には、Elise Weigert という姓名が載っている。時期が重なっていることから判断すると、どちらかの記述が誤っており、横

浜に来た Elise Wiegert と香港に現れた Elise Weigert は同一人物とみるのが妥当だろう。

　同一人物であるとすれば、日本に来た女性の本当の姓は Wiegert なのだろうか、あるいは Weigert なのか？ ドイツ語の発音・表記からすればワイゲルト姓が一般的であるから（小説のエリスの父親もこの姓である）、Elise の姓としては Weigert が第 1 順位で検証されなければならないが……。

Weigert 家と Wiegert 家における Elise

　Elise Wiegert と Elise Weigert は同一人物と考えられているが、Wiegert と Weigert は、姓（氏）としては両方が存在する。来日したのはそのどちらかの 1 人だとしても、Elise Wiegert と Elise Weigert は、それぞれ別人として実在していたかもしれないのである。これを実証するためには両家の戸籍簿を見ないことには本当のことはわからない。これは法律問題であり、私の専門に属する。

　私のドイツ（ベルリン）における調査において、鷗外と巡り合う可能性のある実在の Weigert 家の Elise は、ユダヤ人（髪は黒髪）で、当時 31 歳。2 人の子持ちの社長夫人であり、お墓も存在しないことが判明した。この解明を可能にしたのが戸籍簿の調査であり、また夫の経営する会社に関する商業登記簿の解明である。まさに人探しにおける法律学の効用ということができる。

　調査結果から実在の Elise Weigert が日本に来ることは、年子の 2 人の子どもの出産や育児の関係上、実際には困難なことが判明した。ただ、件の Elise Weigert 本命説は、テレビ朝日開局 30 年記念番組「百年ロマンス『舞姫の謎』」（1989 年 5 月放送）の中で、何人かのドイツ人からの情報をもとに展開され、一時世間の耳目を集めた。

この番組に対し完膚なきまでに反駁したのが拙著『新説　鷗外の恋人エリス』（新潮選書、2000 年 4 月）の前半部分であり、本書が絶版となった後に著された『法学と文学・歴史学との交錯』（成文堂、2010 年 4 月）である。その調査過程については上記二つの著作に詳しくしたためてあるが、番組内容は Elise Weigert が実在していたということ以外はまったくのデタラメであり、信用性に乏しいのである。また現実問題としてもいささかロリコン趣味が垣間見える鷗外が、自分より年上の子持ちである黒い髪の社長夫人に恋をしたとは考えにくい（鷗外が結婚した相手は登志子 18 歳、志げ 22 歳である）。鷗外は若いブロンド髪の乙女にこよなく甘い感情を抱いており、そのことは日露戦争の最中に書かれた『うた日記』によっても証明されるところである。

ルイーゼ・ウィーゲルトの実像

これに対しもう一人の実在の Elise Wiegert は鷗外との関連で格段に現実味のある人物である。ただし Wiegert 家の戸籍簿に照らす限り、Elise という名前は Louise となっており、このため両者の関係が問題となる。

ここでの探索については個人情報の集積である戸籍簿の記載だけでは足りず、他に不動産登記簿の調査が必要となる。個人情報は本人が死亡すれば無くなるが、土地や建物に関する情報は、100 年経っても、200 年経ってもそれが現存する限り存在するためである。特にヨーロッパの建物は石造りであり、木と紙でできている日本の家屋と違って戦争により破壊されない限り、現在でも厳然として残っている。

鷗外は当時ベルリンで軍服を新調し、フランス語を学び、年末には友侶（？）とランデブーを楽しんでいる。そうだとすれば下宿の

近くに洋服屋があり、そこにフランス語を学ぶ年頃のブロンド娘が
いたとすれば、それが鷗外の恋人として現実味をもって浮かび上
がってくるのである。

　そこで Louise Wiegert を追いかけてみると、父親はフェルディ
ナンド・ウィーゲルトといい、ベルリンで洋服店を経営していたが、
母親は娘と同名のルイーゼ・ウィーゲルトといい、旧姓をクニッペ
ルといった。彼女の父であり、Louise の祖父に当たる人は J. クニッ
ペルといい、娘婿である Louise の父親と同業者で、2人は義理の
親子として共同で洋服屋（仕立物師）を営んでいた。来日したド
イツ人女性がこのように代々の洋服屋の家系の人物であるとすれば、
その人が日本において手芸（裁縫）で身を立てるなどと鷗外にたん
かを切ったのは理解できないことではない。

　また、J. クニッペルは鷗外がベルリンにいたときにちょうど死亡
しており、小説『舞姫』にある、エリスの父親の死を想起させる。
その娘に当たる、ルイーゼと同名の母親はすでにその 10 年前、他
界しており、祖父の財産は代襲相続により孫娘の Louise に引き継
がれることになった。このため彼女の日本への旅費の捻出はそれほ
ど困難なことではなかったであろう。

　ところでこのルイーゼの実名は登記簿からアンナ・ベルタ・ルイー
ゼ・ウィーゲルトといい、1872 年 12 月 16 日の生まれであるこ
とがわかる。したがって彼女が鷗外にベルリンで出会った時期は、
15 歳から 16 歳にかけての女学生時代に当たり、外国（仏）語の
勉強もしていたかもしれない。この女性は鷗外の恋人としては最適
の条件をそろえているのである。

　日本での鷗外との再会が失意に終わったとしても、その悲しみは
一時的なものに留まり、ドイツに戻れば別の世界が開けることもあ
ろう。実際、彼女は近くのガラス職人と結婚し、2人の子どもをも

うけたが、夫は早くに死亡しており、その後において鷗外との間で
手紙の交換なども可能であったものと思われる。

ルイーゼの実名と鷗外の子どもたちとの関係

そこで最後に問題となるのは、新聞の記録によれば来日したのは
Wiegert 家の Elise であり、Louise ではなかったということであ
る。ここでは空想にすぎないが、サインの基になる筆記体による E
と L は、書き順も同じで、非常に似通っており、それを当時の新
聞が混同して Louise を Elise と読み間違えたとも考えられる。両
者の混同は偶然に生じたものと考えられるが、かつて香港の新聞
に Wiegert が Weigert と表記されたのと同様の誤りがここでも起
こったかもしれないのである。また、名前の Elise と Louise は同
根・同系統の名前であり、最初の子音（L）が脱落すると母音（E）
の名前となることもわかっている。しかしこのことについて反論は
当然に予想されるところである。

最後に私の結論を下しておこう。ルイーゼの本名はアンナ・ベ
ルタ・ルイーゼ・ウィーゲルトといい、ドイツ語で書けば Anna
Bertha Louise Wiegert となる。鷗外が名付けた子どもたちの名
前は彼女の本名を示唆しているのではないだろうか。

鷗外には、於菟（先妻との間の子ども）の他に、茉莉、不律（夭折）、
杏奴、類（以上、後妻との間の子ども）がおり、いずれも当時の日
本には珍しい西洋人ふうの名前である。この子どもたちの名前にこ
そ鷗外の Anna Bertha Louise Wiegert、その人への尽きせぬ思
いが表出されているとみる。杏奴（アンヌ）には Anna が、類（ルイ）
には Louise が重なり合う。後者は男性名と女性名の関係にある。

以上が記録に基づく私の新発見であり、『新説　鷗外の恋人エリ
ス』（新潮選書 2000 年 4 月）や『法学と文学・歴史学との交錯』（成

文堂 2010 年 4 月）の骨子である。

　私のこの見解に基本的に賛同するのが NHK 特集『鷗外の恋人〜百二十年後の真実〜』（NHKBShi 2010 年 11 月放送）であり、この番組の底本となった今野勉『鷗外の恋人』（NHK 出版 2010 年 11 月）である。後者は拙著の著作権侵害かとも疑われるほどによく似ている。

　もちろん私の見解に疑問を呈する考えもある。私見の弱点は来日した Elise と実在の Louise の同一性に関する確実な証拠を示すことができないことである。最近、ベルリン出身以外の Elise を見つけ出し、これを来日した Elise であるとする別の見解も出されている。それがベルリン在住の六草いちか氏による『鷗外の恋人　舞姫エリスの真実』（講談社 2011 年 3 月）であり、『それからのエリス　いま明らかになる鷗外「舞姫」の面影』（講談社 2013 年 9 月）である。

　いずれも追究の方法は私の手法を踏襲しており、分析の方法としては信頼が置ける。ただドイツでは Elise という名前は、ベートーベンの「エリーゼのために」というピアノ曲が書かれるほどにポピュラーであり、ベルリン出身以外を含めるともっと多様な Elise が現れるかもしれない。

　以上のように鷗外の青春のひとコマについてはさまざまな興味ある事実が発掘され、今日まで 100 年以上にわたって議論されてきた。その際、確実な証拠を提示し、合理的な推論を行うことができるのは法律学の役割である。Elise や Louise の家系図さえも作ることができる法律学は刑事事件における犯人逮捕だけでなく、文学や歴史の解明にも役立つのである（拙著参照）。

　鷗外の青春時代のロマンは漱石のロンドン留学とは決定的に異なっており、それが人間鷗外をほうふつとさせてくれる。さらに言

えば、このようなささいなことであっても長期にわたり静かな環境の下で論争が繰り返されてきたことは、日本が平和であったことの象徴でもある。昨今のやかましい状況に鑑みるとき、このような平和が長く続くことを願わずにはいられない。

― 鷗外と岐阜県と白居易 ―

　森鷗外と岐阜県とは特に関係はない。ただ鷗外には「花子」とう短編小説があるが、これは19世紀末に欧州で「ジャポニズム」の文化が花開いた頃、名古屋新地の芸者花子がパリにあるロダンのアトリエでデッサンのモデルとなったという栄光の瞬間を切り取ったものである。花子は日本で食い詰め、余儀なくパリに向かう間に欧州各地で演じた「女腹切り」の芸が現地で受け、マルセイユでたまたま劇場を訪れたロダンの目に留まったのである。

　そんなロダンとの縁にもかかわらず、こののち日本に帰った花子の晩年は必ずしも順風満帆とはいえず、岐阜の花街で一生を終えたというのが事実である。

　私はこの花子の生涯に興味を持ち少し調べたことがある。花子の実名は「太田ひさ」といい、1868（慶応4、後に明治元年と改元）年、尾張国中島郡上祖父江村（現愛知県一宮市上祖父江）生まれの名もない女性であった。

　洋行したのは1902（明治35）年であるから、実際のひさはそのとき34歳だったが、ロダンは彼女のどこに引かれたのだろうか（鷗外の小説では花子は17歳となっている！）。

　日本男児の切腹は西洋人にまねのできない珍しい所作であろうが、それを模した女腹切り（実際は咽喉突き）における「死の顔」の演技に、ロダンは真に迫るものを感じたためといわれる。ロダンの作品（「死の顔・花子」）は新潟市美術館に所蔵されているが、当

方はまだこの作品の現物にお目にかかっていない（写真閲覧可）。

彼女には「芸者で洋行し女優で帰るまでの20年」という伝記的紀行文（雑誌『新日本』7巻1号、大正6年）があるが、彼女が帰国したのは1921（大正10）年のことであり、両者の間には理解しがたい違和感がある。

彼女はその後24年間岐阜の花街で生き、戦争中の1945（昭和20）年に死亡したといわれる。享年77であった。筆者が生まれたのとほぼ同じ時期に当たる。岐阜には「花子の会」があり、麻生野武による『朗読劇　ロダンとハナコ』（岐阜新聞社2010年）が書かれている。もちろん私もこれを一部参照させていただいた。

この一連の経過を考えるとき、昔読んだ白居易の「琵琶行」という詩に触れずにはおれない。45歳という人生の最も盛んな時期に都（長安）を追われ、江南の片田舎に左遷された白居易。そこで出会ったのがかつて都で蝶よ花よと騒がれた歌い女だった。

たまたま彼女が船上で奏でた琵琶の音からその芸の確かさを感じ取り、白居易自身の都での在りし日の栄耀栄華を懐かしく思い起こさせてくれたことに感謝してこの詩を年老いた琵琶弾きにささげたというものである。

一芸に秀でる者は多芸に通じるというが、芸は互いに呼応し合う。これが芸のシナジーというものであろう。今この言葉は安っぽい金もうけのための（経済的）相乗効果として使わ

花子の記念碑（岐阜市 浄土寺）

れることが多いが、以上の三題ばなしをまとめながらしみじみとした関連性を感じた次第である。

『天下布学』あとがき

　本書は、「天下布武から天下布学へ」というコンセプトの下で、美濃を、ひいては岐阜県を、今日の観点から再検討する視点を提供しようと試みる「岐阜文化フォーラム」の成果である。時あたかも岐阜市においては信長公 450 年祭の最中にあり、それを横目でにらみつつ側面からこれを援助するとともに、岐阜の文化の発展を願う観点から問題の本質を捉え直そうとする書である。

　第 1 部では、岐阜の文化の担い手である専門家をお招きし、美濃の再生を願いつつ、さらには岐阜県の新たな発展を祈念する観点から、天下の信長を再検討する視点を座談会形式で議論していただいた。そこでの眼目は、歴史的に「天下布武」を提唱した信長の業績を評価しながらも、今日の時点からこれをいかに克服するかにある。今さらその出口として武力を中心とする「布武」に求めることは時代錯誤のそしりを免れないことから、これに代わるコンセプトを打ち立てる必要に迫られたのである。

　そこで散々考えた揚げ句、「天下布武」の代わりに「天下布学」を提唱することにした。文字通り、これは「武力」による支配に代わり、「学問」によって天下を統べる方策を考えていただきたいとの願いのこもった概念である。時あたかもリニア新幹線の開通を 10 年後に控えた交通革命の時代である。日本のシリコンバレーを岐阜県に誘致してもよいし、また人文文科系の総合大学の創設が考えられてもよい。つい 200 年前の美濃地方は日本文化の最高峰にあった地域であるから（「東の岩村、西の大垣」）、その実現にはそれほど難しい問題があるとは言えないであろう。

　第 2 部は、それを前提として「岐阜文化フォーラム」の各メンバー

がそれぞれの専門分野から独自の視点で議論を展開していただいた記録である。将来的にはテーマ設定の観点からも、専門分野の拡大の観点からもさらなる補充を必要とするであろう。

　本書は共編者が県立岐阜商業高校出身の小川信幸教授であることから、それぞれが岐阜県の内部で活躍する専門家に執筆をお願いすることになった。そのため岐阜県の内部から見た内在的な検討が中心となっており、問題提起の書としてはいささか力不足の感が否めず、まだ十分な答えを引き出すほどの成果とはなっていない。これを補うためには全国・全世界で活躍する岐阜県人の英知に真摯に耳を傾ける必要があり、これらの外在的な批判に耐え得るものでなければならない。機会があればぜひそうした観点から本書を補充したいものだと考えている。

岐阜文化フォーラム代表
植木　哲

座談会出席者

吉田　豊（よしだ・ゆたか）
　　1926年生まれ。岐阜県芸術文化会議名誉顧問
清水　進（しみず・すすむ）
　　1937年生まれ。大垣市文化財審議会会長
小川　信幸（おがわ・のぶゆき）
矢島　薫（やじま・かおる）
　　1957年生まれ。岐阜新聞社専務取締役

【司会】
植木　哲（うえき・さとし）

写真・画像（敬称略）

長興寺
法政大学能楽研究所観世新九郎家文庫
法政大学能楽研究所能楽資料デジタルアーカイブ
大垣市奥の細道むすびの地記念館
早稲田大学航空部
岐阜新聞社

執筆者（掲載順）

山崎　広光（やまざき・ひろみつ）
　1950年生まれ。日本哲学会会員。日本現代詩人会会員。著書に『＜いのち＞論のエチカ』北樹出版、『共感の人間学・序説』晃洋書房、詩集『孤児の肖像』砂子屋書房など。

米田　真理（よねだ・まり）
　1970年生まれ。朝日大学教授。中世日本文学（能学）。共著に『能・狂言を学ぶ人のために』世界思想社、『地域アイデンティティを鍛える－観光・物流・防災－』成文堂がある。

出雲　孝（いずも・たかし）
　1982年生まれ。朝日大学准教授。近世自然法論。法制史学会会員。法文化学会会員。著書に Die Gesetzgebungslehre im Bereich des Privatrechts bei Christian Thomasius (Peter Lang Verlag)、『ボワソナードと近世自然法論における所有権論』国際書院など。

山﨑　和真（やまざき・かずま）
　1987年生まれ。大垣市奥の細道むすびの地記念館学芸員。日本近世史。旗本領を中心に領主支配や社会経済構造について研究。現在は、芭蕉や俳諧、大垣ゆかりの人物たち（先賢）に関する研究にも取り組んでいる。

青谷　美惠子（あおたに・みえこ）
　1935年生まれ。岐阜日独協会会長。生涯学習音楽指導員A級。日本音楽療法学会会員。日本オルガン研究会会員。

仁科　豊（にしな・ゆたか）
　1949年生まれ。早稲田大学社会科学部卒。早稲田大学航空部ＯＢ。元岐阜グランドホテル取締役支配人。

小川　信幸（おがわ・のぶゆき）
　1946年生まれ。朝日大学教授。日本高等学校野球連盟評議員。岐阜県教育文化財団評議員。日本商業教育学会会員。

下條　芳明（しもじょう・よしあき）
　1953年生まれ。朝日大学・大学院教授。憲法学会常務理事、比較憲法学会理事。著書に『象徴君主制憲法の20世紀的展開』東信堂など。

岡嵜　修（おかざき・おさむ）
　1949年生まれ。朝日大学教授。専攻は「近代社会と法」。日本法哲学会、比較法学会会員。著書に『レッセ・フェールとプラグマティズム法学』成文堂など。

齋藤　康輝（さいとう・こうき）
　1961年生まれ。日本大学・大学院教授、岐阜大学非常勤講師。憲法学会常務理事、岐阜日独協会理事。著書に『憲法（人権・統治）24講』文教出版会、『政党の憲法的融合論』成文堂など。

植木　哲（うえき・さとし）
　1944年生まれ。朝日大学・大学院教授。千葉大学名誉教授。民法。『医療の法律学』有斐閣、『消費者信用法の研究』日本評論社、『新説鷗外の恋人エリス』新潮社、『法学と文学・歴史学との交錯』成文堂など著書多数。

天下布学

発　行　日	2018 年 1 月 22 日
編　著　者	岐阜文化フォーラム
発　　　行	株式会社岐阜新聞社
編集・制作	岐阜新聞情報センター 出版室
	〒 500-8822　岐阜市今沢町 12
	TEL 058-264-1620（出版室直通）
印　　　刷	岐阜新聞高速印刷株式会社

許可なく無断転載を禁じます
乱丁本、落丁本は取り替えます
価格はカバーに表示してあります
ISBN978-4-87797-250-9 C-0000